テストの範囲や学習予定日をかこう！

学習計画	
出題範囲	学習予定日
5/14 テストの日	5/10
	5/11

	教科書ページ	この本のページ ココが要点	予想問題	学習計画 出題範囲	学習予定日
第1編　私たちと現代社会					
1　私たちが生きる現代社会の特色	8〜15	2	3		
2　現代社会の文化と私たち	18〜23	4	5		
3　現代社会の見方・考え方	24〜31	6	7		
第2編　私たちの生活と政治					
第1章　個人の尊重と日本国憲法					
1　法に基づく政治と日本国憲法	36〜43	8〜9	10〜11		
2　日本国憲法と基本的人権	44〜47	12	13		
	48〜53	14	15		
	54〜57	16	17		
	58〜67	18	19		
3　日本の平和主義	70〜73	20	21		
第2章　国民主権と日本の政治					
1　民主政治と政治参加	78〜85	22〜23	24〜25		
2　国の政治のしくみ	88〜91	26	27		
	92〜95	28	29		
	98〜107	30〜31	32〜33		
3　くらしを支える地方自治	108〜115	34〜35	36〜37		
第3編　私たちの生活と経済					
1　経済のしくみと消費生活	124〜135	38〜39	40〜41		
2　生産の場としての企業	136〜145	42〜43	44〜45		
	146〜151	46	47		
3　金融のしくみとお金の大切さ	154〜159	48	49		
4　財政と国民の福祉	160〜171	50〜51	52〜53		
第4編　私たちと国際社会					
1　国家と国際社会	178〜183	54	55		
	186〜191	56〜57	58〜59		
2　国際社会の課題と私たちの取り組み	194〜199	60	61		
	200〜207	62〜63	64		

解答と解説　別冊

ふろく　テストに出る！　**5分間攻略ブック**　別冊

写真提供：（公社）臓器移植ネットワーク（敬称略）

教科書 p.8〜p.15

第1編 私たちと現代社会

1 私たちが生きる現代社会の特色

❶**少子高齢化**
出生率の低下で子どもが減る一方，平均寿命がのび高齢者の割合が増える。

❷**育児**
子どもを育てる。

❸**情報化**
情報のもつ役割が大きくなる。

❹**情報通信技術〔ICT〕**
コンピューターやスマートフォンなどを用いた通信技術。

❺**人工知能〔AI〕**
知的活動をコンピューターに行わせる技術。

❻**情報リテラシー**
リテラシーは読み書きの能力という意味。

❼**情報モラル**
モラルは倫理という意味。

❽**グローバル化**
世界の一体化の傾向。

❾**国際協力**
各国が協力し合い世界で起きている問題に取り組む。

❿**持続可能な社会**
将来の世代のために環境を保全しながら経済発展を続ける社会。

⓫**社会参画**
一人一人が社会に貢献する。

ココ が 要 点 の答えになります。

テストに出る！ **ココが要点** 解答 p.1

1 少子高齢化の社会で生きる私たち　教 p.8〜p.9

▶ (❶　　　　)…子どもの数が減り，人口全体に占める65歳以上の高齢者の割合が増えること。日本は少子高齢社会。

- 少子化→働き手の減少→社会の活力が弱まる。
- 高齢化→医療，介護，年金などの制度に使われるお金が増える。

▶ 出産や(❷　　　　)がしやすい，安心して子どもを生み育てられる環境の充実，高齢者を支えるしくみづくりが必要。

2 情報化で変わる社会と私たち　教 p.10〜p.11

▶ (❸　　　　)…社会で情報が大きなはたらきをもつ。

- (❹　　　　)…コンピューター，スマートフォンなどの**情報端末**，インターネットなどの**通信技術**が一体となる。

▶ 情報通信技術の発展…大量のデジタル情報(**ビッグデータ**)や自ら学習しさまざまな判断を行う(❺　　　　)の活用。

▶ 情報を**正しく判断**して利用する力((❻　　　　))，情報を使う**考え方・態度**((❼　　　　))を身につける必要。

▶ 情報化の進展…災害の予測や安否確認など防災や減災に役立つ。

3 グローバル化する社会で生きる私たち　教 p.12〜p.13

▶ (❽　　　　)…人・もの・お金・情報などが，国々のあいだで自由にゆききし，世界が一体化すること。

▶ 各国の競争や**分業**で国どうしが依存し合い世界が成り立つ。

▶ グローバル化の進展…多様性が対立の原因に。地球規模の環境問題，感染症の流行，大災害などは，他の国にも影響。

- 多文化共生社会…たがいの個性，地域の文化，国の特徴を大切にする。
- (❾　　　　)…地球環境問題，人口増加と高齢化，貧富の格差などの国際的な問題を各国が協力して解決する。

4 持続可能な社会と私たち　教 p.14〜p.15

▶ 現代の世代の幸福をみたしながら，将来の世代の幸福をみたすような(❿　　　　)**な社会**をつくる必要がある。

▶ 工業化による生活環境の改善→公害や地球環境問題をまねく。

▶ **持続可能な社会**をつくるため，(⓫　　　　)が大切。

テストに出る！

予想問題　1 私たちが生きる現代社会の特色

30分　/100点

1 少子高齢化について，次の問いに答えなさい。　10点×5〔50点〕

よく出る (1) 次の文中のA・Bにあてはまる語句を，それぞれ書きなさい。

> 日本では，1970年代から急速に少子高齢化が進んでいる。この変化の理由として，一人の女性が一生のうちに生む子どもの数が（ A ）きたことと，日本人の（ B ）がのびて高齢者が占める割合が上がっていることがあげられる。

A（　　　　　　）　B（　　　　　　）

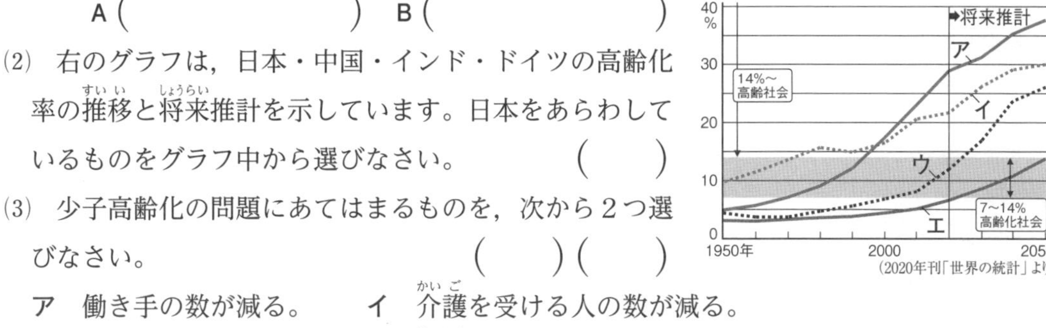

（2020年刊「世界の統計」より）

(2) 右のグラフは，日本・中国・インド・ドイツの高齢化率の推移と将来推計を示しています。日本をあらわしているものをグラフ中から選びなさい。（　　）

(3) 少子高齢化の問題にあてはまるものを，次から２つ選びなさい。（　　）（　　）

ア　働き手の数が減る。　　イ　介護を受ける人の数が減る。

ウ　人口全体が増える。　　エ　廃校となる学校の数が増える。

2 次の問いに答えなさい。　10点×5〔50点〕

(1) 情報化が進む社会では，情報の利用のしかたに注意が必要です。インターネットを利用する際の注意点について，正しいものを次から選びなさい。（　　）

ア　SNSを利用するときは，いつでも自分の名前や住所などを明らかにする。

イ　インターネットから入手できる情報は，すべて正しいので信用してよい。

ウ　インターネットから入手した情報をうのみにせず，本や新聞などと比較してみる。

(2) ICTとよばれる技術を何といいますか。（　　　　）

(3) 情報を使う考え方・態度を何といいますか。（　　　　）

(4) 次の文を読んで，あとの問いに答えなさい。

> 輸送手段や移動手段，通信技術の発達により，人，もの，お金，情報などが国境をこえてゆきかうようになり，a 世界の一体化が進んでいる。また，地球規模の環境問題，大災害，国による経済格差などの問題を解決し，持続可能な社会を実現するために，b 各国が協力する必要性が増大している。

よく出る ① 下線部aについて，このことを何といいますか。（　　　　）

② 下線部bについて，このことを何といいますか。（　　　　）

ちょっとひといき　1時間ずつ，30分ずつ，時間を区切って勉強すると集中力UP！

2 現代社会の文化と私たち

❶**文化**
科学・芸術・宗教・技術・道徳・政治など。

❷**科学**
技術の革新でくらしを豊かにする。

❸**芸術**
絵画・文学など，日常をこえたイメージをもたらし，生活や人生を豊かにする。

❹**宗教**
仏教・キリスト教・イスラム教など。

❺**四季**
春・夏・秋・冬の4つの季節。

❻**年中行事**
毎年同じ時期に行われる行事。

❼**伝統文化**
長い歴史のなかで受けつがれてきた文化。

❽**地域文化**
それぞれの地域で育った独自の文化。

❾**無形文化遺産**
世界的に価値が高い芸能・伝統工芸など。

❿**文化の多様性**
国・地域・民族によりさまざまな文化がある。

ココが要点の答えになります。

テストに出る！ ココが要点

解答 p.1

1 現代社会における文化

教 p.18～p.19

▶ (❶　　　　　　)…人間がつくり上げた生活のしかたや社会のしくみ，物事に対する感じ方のすべて。

- (❷　　　　　　)…くらしを豊かにする技術。農業・土木，**医療**，電力，宇宙利用，**バイオテクノロジー**など。
  ◇科学技術の発達は，人類の生存に関わる問題を引き起こすおそれがある。
- (❸　　　　　　)…私たちの感受性を高め，生活や人生を豊かにするもの。**絵画・音楽・文学**・映画・演劇など。
- (❹　　　　　　)…人間の生活のなやみや将来に不安をいだく人々に，安心と精神的豊かさをあたえる。
  ◇**争いの原因**になっている地域もある。

2 日本の伝統文化の特徴と多様性

教 p.20～p.21

▶ 日本は多くが温帯に属し，山地が多く，(❺　　　　　　)の変化に富む。
→自然と生き，他人を思いやるくらし方。

- (❻　　　　　　)…右の表。
- (❼　　　　　　)…❻や，**和食**(日本料理)，日本家屋，寺社・庭園，能・歌舞伎・和太鼓などの芸術，春のお花見など。

1月	初詣
2月	節分
3月	ひな祭り，彼岸
4月	花祭り(灌仏会)
5月	端午の節句
6月	更衣
7月	七夕
8月	お盆
9月	お月見，彼岸
10月	更衣，秋祭
11月	七五三
12月	大みそか

▶ それぞれの地域の気候や風土により，家のつくり方，料理，行事，方言などの分野で独自の文化が育つ。
→多様な(❽　　　　　　)**文化**がはぐくまれる。

3 世界のなかの日本の文化

教 p.22～p.23

▶ 地球規模で文化交流が進むなか，世界に日本の文化が広まり，受け入れられている。料理・柔道・アニメ・漫画など。

- 白川郷…**世界文化遺産**。
- 和食…(❾　　　　　　)**遺産**。

▶ 自分たちの文化を大切にしながら，異なる文化に共感や理解をして，**文化の**(❿　　　　　　)を尊重する気持ちをおたがいにもつことが必要。

2　現代社会の文化と私たち

30分　/100点

1 次の問いに答えなさい。　6点×12〔72点〕

よく出る (1) 文化の代表的な領域である①科学，②芸術，③宗教について述べた文を，次からそれぞれ選びなさい。　①(　　)　②(　　)　③(　　)

ア　生活水準を向上させるが，使い方をあやまると人類の生存にかかわる問題になる。
イ　神や仏などの聖なるものへの信仰が，国や民族をこえて広がっている。
ウ　人々の感受性を高め，人生をより豊かなものにする。

よく出る (2) 毎年同じ時期に家族や地域で行われる行事を何といいますか。　(　　　　)

(3) (2)について，右の表のa～eにあてはまるものを，次からそれぞれ選びなさい。　a(　　)　b(　　)　c(　　)　d(　　)　e(　　)

1月	(a)
2月	節分
3月	(b)・彼岸
4月	花祭り(灌仏会)
5月	端午の節句
6月	更衣
7月	(c)
8月	(d)
9月	お月見・彼岸
10月	更衣・秋祭り
11月	七五三
12月	(e)

ア　ひな祭り　　イ　大みそか　　ウ　七夕
エ　お盆　　オ　初詣　　カ　バレンタインデー

(4) 次の文中のA～Cにあてはまる語句を，それぞれ書きなさい。
A(　　　　)　B(　　　　)　C(　　　　)

日本では，衣食住や芸術が(A)文化として受けつがれてきた。また，各地で独自の(B)文化がはぐくまれ，今日でもその多様性が(C)として受けつがれている。

2 次の文を読んで，あとの問いに答えなさい。　7点×4〔28点〕

日本文化は，異なる文化との交流を通じて変化しつつ，昔から変わらない部分を保っている。白川郷が(A)，日本の伝統的な料理である(B)が無形文化遺産に登録され，グローバル化で(C)などが世界で広く受け入れられている。

(1) A・Bにあてはまる語句をそれぞれ書きなさい。
A(　　　　)　B(　　　　)

(2) 文中のCにあてはまる，世界で受け入れられている日本の文化の例を１つあげなさい。
(　　　　)

(3) 下線部について，異なる文化をもつ人々を理解するためには，何を尊重する気持ちをもつことが必要ですか。６字で書きなさい。　(　　　　)

ちょっとひといき　テスト前は，ニュースや新聞もしっかりチェックしておこう！

3　現代社会の見方・考え方

テストに出る！ ココが要点　解答 p.2

1 社会における私たちときまりの意義　教 p.24〜p.25

▶ 人間は(❶　　　　　)…さまざまな社会集団と関わって生きている。

● (❷　　　　　)…人間が最初に所属する最小の社会集団。夫婦と未婚の子ども・夫婦だけ・一人親と子どもからなる(❸　　　　　)が増えている。

▶ 個人の尊厳と両性の(❹　　　　　)…日本国憲法が家族生活の根本として定める。男女共同参画社会の基礎。

▼親等図

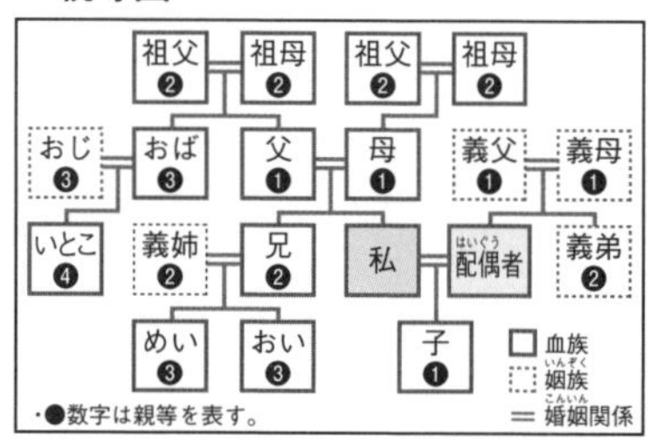

1947年以前は長男の単独相続であったが，配偶者の権利が強化され，すべての子どもが平等にあつかわれるようになった。
←父の遺産は，母が２分の１，残りの２分の１を子ども全員で平等に分ける。

▶ (❺　　　　　)(ルール)…社会集団のなかでともに生きていくために必要。**慣習**・**道徳**・**法**など。

● 日本国憲法は，政治のあり方の根本として個人の尊重を強調。

2 「対立」と「合意」―見方・考え方その１―　教 p.26〜p.27

▶ (❻　　　　　)…さまざまな場面で問題や争いが起こる。
→(❼　　　　　)…解決策を探し，受け入れる。

▶ 合意する方法…話し合いや(❽　　　　　)。

3 「効率」と「公正」―見方・考え方その２―　教 p.28〜p.29

▶ (❾　　　　　)…むだなく，最大の利益を得られるか。

▶ 公正…みんなが参加して決めているか(**手続きの公正**)，差別的なあつかいをしていないか(**機会の公正**)，立場が変わっても受け入れられるか(**結果の公正**)。

4 きまりを守る責任とその評価　教 p.30〜p.31

▶ つくられたきまり(ルール)を守る責任がある。
→状況が変わればきまりの**変更**が必要になるときもある。

▶ (❿　　　　　)…たがいの権利や利益を尊重し，それが保障されているきまり(ルール)をつくる。

❶**社会的存在**
人間のこと。社会のつながりのなかで生きていることから。

❷**家族**
個人と社会を結びつける役割を果たす。

❸**核家族**
夫婦と未婚の子ども・夫婦だけ・一人親と子どもからなる家族。

❹**両性の本質的平等**
男女が同等であること。

❺**きまり**
ルール。意見や利害のちがいを調整する。

❻**対立**
異なる意見・立場の者が争う。

❼**合意**
意見が一致すること。

❽**多数決**
より多くの人が賛成した意見を採用する方法。

❾**効率**
労力・時間・お金・ものなどにむだがないこと。

❿**契約**
たがいの合意のもとで結ばれる約束。

ココが要点の答えになります。

テストに出る！

予想問題　3 現代社会の見方・考え方

30分　/100点

1 次の文を読んで，あとの問いに答えなさい。　(3)②9点，他8点×7〔65点〕

人間は，最初に所属する社会集団である（ X ）をはじめ，a さまざまな社会集団と関係をもちながら生活し，その一員として役割(やくわり)を果たしている。それぞれの社会集団には独自の b きまり(ルール)があり，きまりを守らないと（ Y ）が問われる。

(1) X・Yにあてはまる語句を書きなさい。

X（　　　　　）　Y（　　　　　）

(2) 下線部aについて，このことから人間は何といわれていますか。漢字5字で書きなさい。（　　　　　）

(3) 右のグラフは，家族構成の変化をあらわしています。次の問いに答えなさい。

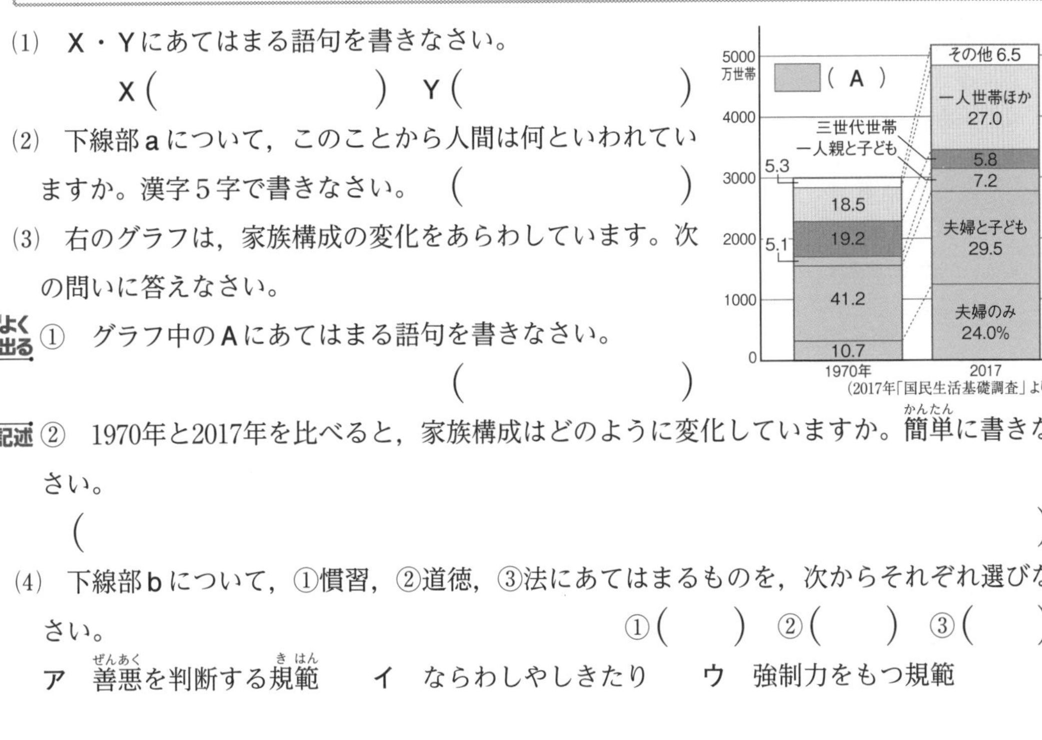

よく出る ① グラフ中のAにあてはまる語句を書きなさい。

（　　　　　）

記述 ② 1970年と2017年を比べると，家族構成はどのように変化していますか。簡単(かんたん)に書きなさい。

（　　　　　　　　　　　　　　　　）

(4) 下線部bについて，①慣習，②道徳，③法にあてはまるものを，次からそれぞれ選びなさい。　①（　）②（　）③（　）

ア 善悪(ぜんあく)を判断する規範(きはん)　イ ならわしやしきたり　ウ 強制力をもつ規範

2 次の文を読んで，あとの問いに答えなさい。　7点×5〔35点〕

社会生活においては，それぞれの考えや求めるものを実現しようとして，（ X ）が生じることがある。その場合，a 解決策(さく)を求めて b 話し合うなどして，（ Y ）をめざす。

(1) X・Yにあてはまる語句を，それぞれ漢字2字で書きなさい。

X（　　　　　）　Y（　　　　　）

(2) 下線部aを判断するための考え方で，①「むだを省く」ことを何といいますか。また，②「手続きや結果について特定の人が不利にならないようにする」ことを何といいますか。それぞれ漢字2字で書きなさい。　①（　　　　　）　②（　　　　　）

(3) 下線部bで合意できない場合などに用いられる，多数の意見に従ってものごとを決める方法を何といいますか。　（　　　　　）

ちょっとひといき　教科書のグラフは，そこから何が読み取れるのかを確認しておこう！

第2編 第1章 個人の尊重と日本国憲法

1 法に基づく政治と日本国憲法

❶政治
国や地方公共団体のはたらき。

❷政治権力
政治で必要とされる強制力。

❸民主主義
みんなのことはみんなで決めるという考え方。

❹少数意見の尊重
多数者の利益だけでなく，少数者の意見を大切にすること。

❺最高法規
最も強い効力をもつ法。

❻立憲主義
憲法に基づき政治を行う。

❼個人の尊重
個人の価値を認め，尊重すること。

❽基本的人権
人間らしく生きる権利。憲法により保障され，法律によってうばうことができない。

❾法の支配
権力者も法に従う。

❿権力分立
権力を分割し，たがいに抑制と均衡をはかる。

ココが要点の答えになります。

テストに出る！ ココが要点 解答 p.2

1 私たちにとっての政治と民主主義 教 p.36～p.37

▶ (❶　　　　　　)…人々の意見や利害の対立を調整し，秩序を守り，私たちの生活をよりよくするはたらき。きまり(ルール)を定め，命令を強制する(❷　　　　　　)が必要。

- **専制政治**…国王など少数の権力者によって行われる政治。
- **民主政治**…(❸　　　　　　)に基づく政治。現在，多くの国で行われている。日本は憲法で**国民主権**を定める。
  - ◇**リンカーン**の演説…「**人民の，人民による，人民のための政治**」

▶ 社会の規模が大きくなると，国民が直接参加して政治を行うことが困難に→国民が選挙で選んだ代表者が，議会に集まって議論し，決定するしくみをとる。

- 議会では**多数決**の原理に基づいて決定する。結論を出す前に(❹　　　　　　)のために，十分に議論することが大切。

2 法に基づく政治と憲法 教 p.38～p.39

▶ **憲法**…国の(❺　　　　　　)として強い効力をもつ。

- (❻　　　　　　)**主義**…憲法に基づいて政府をつくり，政治を行うことで，権力の濫用を防ぐ。
- **憲法の改正**には慎重な手続きが定められ，憲法に違反する**法律**や**命令**は無効。

▶ (❼　　　　　　)…民主政治においては，一人一人が尊厳のある人間として等しく配慮され，尊重される。

- (❽　　　　　　)…憲法で保障されている，人間として自分らしく生きるために必要な権利。

▶ 国民の人権を守り，よりよい民主政治が行われるようにするために必要なしくみを憲法で定めている。

- (❾　　　　　　)…権力をもつ人も法に従わなければならないという考え方。
- (❿　　　　　　)…権力が強大になりすぎないように，権力を分割し，たがいに**抑制**と**均衡**をはかる。

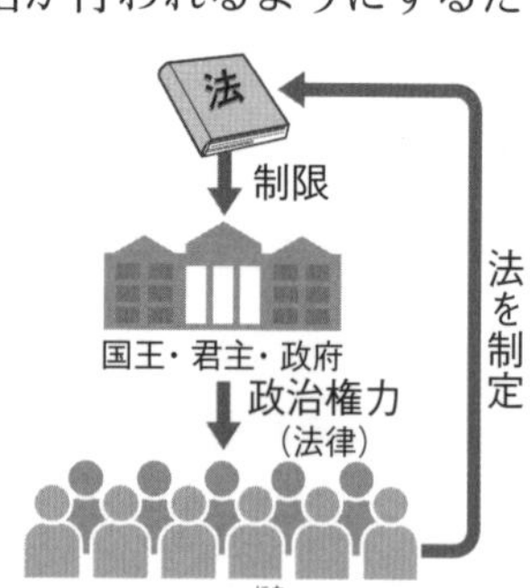

3 日本国憲法の制定と三つの基本原則

教 p.40～p.41

▶ (⑪　　　　　　) 憲法(明治憲法)…1889年制定。

- (⑫　　　　　　)…天皇が政治のあり方を最終的に決める。
- 国民の権利は，天皇があたえる「臣民の権利」であり，法律の範囲内で保障される。

▶ (⑬　　　　　　) 憲法…1946年11月3日公布。1947年5月3日施行。

- 1945年8月，ポツダム宣言を受け入れ，連合国に降伏。ポツダム宣言は，軍国主義の排除，民主主義の強化などを示す。
- 連合国軍総司令部(GHQ)の草案に基づき憲法改正草案を作成。
→議会で審議され，一部修正のうえ可決。

▶ 日本国憲法の三つの基本原則

- (⑭　　　　　　)…国民が政治のあり方を最終的に決める。
- (⑮　　　　　　)…人間らしく生きる権利を保障する。
- (⑯　　　　　　)…戦争を放棄し，世界の平和に貢献する。

4 日本国憲法と国民主権

教 p.42～p.43

▶ 国民主権の原則…「ここに主権が国民に存することを宣言し，この憲法を確定する」(憲法前文)。

▶ (⑰　　　　　　)…国民が，国会(議会)を通じて政治のあり方を決めること。選挙権・表現の自由・知る権利の保障が重要。

▶ 憲法改正には，主権者である国民が直接参加する。

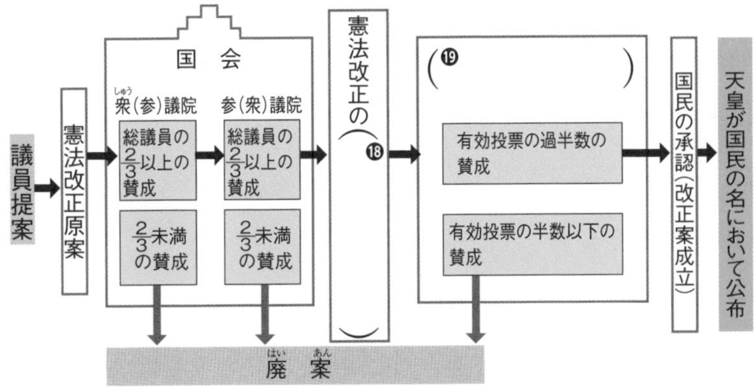

▶ (⑳　　　　　　)…日本国と日本国民統合の象徴。

- 国政に関する権能をもたず，国事行為のみを行う。
- 国事行為…天皇が内閣の助言と承認により行う，形式的・儀礼的な行為。内閣総理大臣や最高裁判所長官の任命，国会の召集や衆議院の解散，法律や条約の公布など。

満点ミッション

⑪大日本帝国憲法
1889年制定の欽定憲法。日本で最初の立憲主義の憲法。

⑫天皇主権
政治の最終決定権を天皇がもつ。

⑬日本国憲法
現在の日本の憲法。民定憲法。

⑭国民主権
政治の最終決定権を国民がもつという原則。

⑮基本的人権の尊重
人間らしく生きる権利を保障する原則。

⑯平和主義
平和を願い，戦争を放棄して，戦争に反対する原則。

⑰議会制民主主義
国民が国会(議会)の議員を選挙で選び，議会を通じて政治のあり方を決める。

⑱発議
議案を提出し，審議を求める。

⑲国民投票
国民が賛成または反対の意思表示をする投票。

⑳天皇
日本国と日本国民統合の象徴で，その地位は国民の総意に基づく。

テストに出る！

予想問題　1　法に基づく政治と日本国憲法

30分　/100点

1 法に基づく政治について，次の問いに答えなさい。　4点×3〔12点〕

(1) 政治を行うために，きまり(ルール)を定め，命令を強制する力を何といいますか。
（　　　　　　）

(2) 国王や貴族などが行っていた，少数の人の意見や利益を優先する政治を何といいますか。
（　　　　　　）

(3) リンカーンが「人民の，人民による，人民のための政治」と表現した，みんなのことはみんなで決めるという考え方に基づいた政治を何といいますか。　（　　　　　　）

2 次の文を読んで，あとの問いに答えなさい。　4点×2〔8点〕

憲法は，権力の濫用を防ぎ，国民の人権を保障するための最も重要で基本的なルールである。このような憲法を(　　)の憲法といい，国の最高法規として強い力をもつ。

よく出る (1) 文中の(　　)にあてはまる語句を，漢字4字で書きなさい。　（　　　　　　）

(2) 下線部について述べている条文を，次から選びなさい。　（　　）

ア　すべて国民は，個人として尊重される。
イ　ここに主権が国民に存することを宣言し，この憲法を確定する。
ウ　国会は，国権の最高機関であって，国の唯一の立法機関である。
エ　憲法に違反する法律，命令，国務に関する行為は，すべてその効力をもたない。

3 日本国憲法について，次の問いに答えなさい。　(6)6点，他4点×10〔46点〕

(1) 次の文中の(　　)にあてはまる語句を，それぞれ書きなさい。
①（　　　　　　）　②（　　　　　　）

大日本帝国憲法では(①)が主権者で，国民の人権は(①)があたえた「(②)の権利」とされ，法律によって制限された。

よく出る (2) 日本国憲法は，日本がある宣言を受諾して連合国に降伏したことを受けて制定されました。この宣言を何といいますか。　（　　　　　　）

(3) 日本国憲法が①公布された日と，②施行された日を書きなさい。
①公布（　　年　　月　　日）　②施行（　　年　　月　　日）

(4) 日本国憲法に関係する語句を，次から2つ選びなさい。　（　　）（　　）

ア　兵役の義務　　イ　民定憲法　　ウ　欽定憲法　　エ　戦争放棄

よく出る (5)　右の図は，日本国憲法の３つの基本原則です。図中のＡ～Ｃにあてはまる語句を，□からそれぞれ選びなさい。　Ａ（　　）
Ｂ（　　）Ｃ（　　）

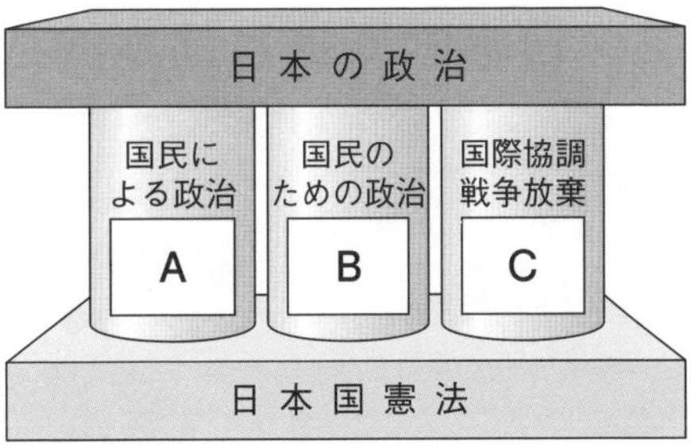

平和主義	国民主権	基本的人権の尊重

日本の政治
国民による政治　Ａ
国民のための政治　Ｂ
国際協調 戦争放棄　Ｃ
日本国憲法

記述 (6)　大日本帝国憲法と日本国憲法を比較して，「主権」はどのように変わりましたか。簡単に書きなさい。
（　　）

4 国民主権について，次の問いに答えなさい。　(4)7点，他3点×9〔34点〕

(1)　国民主権についてあてはまるものを，次から選びなさい。（　　）

ア　国民は議会に出席する義務がある。　イ　国民は政治にほとんど参加しない。
ウ　政治は国民の意思に基づいて行われる。　エ　政治のあり方は天皇が決める。

(2)　日本国憲法の改正手続きについて，図中のＡ～Ｅにあてはまる語句や数字を，□からそれぞれ選びなさい。　Ａ（　　）Ｂ（　　）
Ｃ（　　）Ｄ（　　）Ｅ（　　）

憲法改正の手続き

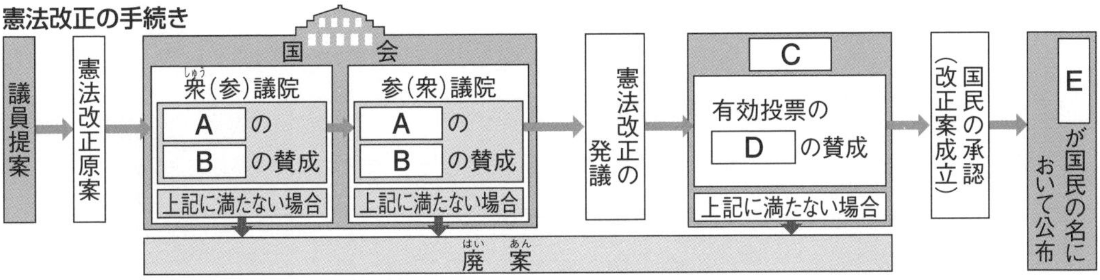

議員提案 → 憲法改正原案 → 国会［衆(参)議院：Ａの Ｂの賛成／上記に満たない場合 → 参(衆)議院：Ａの Ｂの賛成／上記に満たない場合］ → 憲法改正の発議 → Ｃ［有効投票の Ｄの賛成／上記に満たない場合］ → 国民の承認（改正案成立） → Ｅが国民の名において公布
（上記に満たない場合）→ 廃案

総議員	出席議員	天皇	内閣総理大臣	国民審査
国民投票	過半数	３分の２以上	３分の１以上	

(3)　憲法改正に関する国民投票で，投票権を有するのは満何歳以上の日本国民ですか。
（　　）

記述 (4)　憲法改正について，図のように法律の改正よりきびしい手続きを定めているのはなぜですか。簡単に書きなさい。（　　）

よく出る (5)　日本国憲法において，天皇は日本国および日本国民統合の何と定められていますか。
（　　）

(6)　内閣総理大臣の任命など，天皇が内閣の助言と承認に基づいて行う行為を，何といいますか。（　　）

ちょっとひといき　記述問題は，まず書きたい要素を箇条書きにしてから まとめてみよう！

2 日本国憲法と基本的人権①

❶**基本的人権**
人間らしく生きる権利。

❷**個人の尊重**
個人の価値を認め，尊重すること。

❸**自由権**
精神の自由，生命・身体の自由，経済活動の自由。

❹**ロック**
イギリスの思想家。

❺**社会権**
国に対して人間らしい生活を求める権利。

❻**ワイマール憲法**
1919年に制定されたドイツの憲法。

❼**精神の自由**
思想・良心の自由，信教の自由など。

❽**表現の自由**
自分の考えを自由に表現できる権利。

❾**生命・身体の自由**
奴隷的拘束・苦役からの自由など。

❿**経済活動の自由**
居住・移転の自由，職業選択の自由，財産権。

テストに出る！ **ココが要点** 解答 p.3

1 人権思想のあゆみと日本国憲法 教 p.44〜p.45

▶ (❶　　　　　　)(人権)…人が生まれながらにもっている権利。「(❷　　　　　　)」の原理に基づく。

▶ 人権思想の発展

- 19世紀までの国家…(❸　　　　　　)の保障が重要。
  国王による専制政治→**マグナ=カルタ**，権利の章典(イギリス)で王権を制限。
  - ◇(❹　　　　　　)(イギリス)－**社会契約説**。
  - ◇モンテスキュー(フランス)－**権力分立論**。
  - ◇ルソー(フランス)－**人民主権**。
- 市民革命→**アメリカ独立宣言**，フランス人権宣言で**自由権・平等権**を確立。
- 20世紀以降の国家…(❺　　　　　　)を保障。
  - ◇産業革命後，**資本主義経済**の発展とともに貧困や失業などの**社会問題が起こる**→(❻　　　　　　)**憲法**(ドイツ)で初めて**社会権**を保障。

▶ 日本国憲法の人権保障

- 個人の尊重をもとにして，すべての基本的人権が成り立つ。
  - ◇自由権・平等権・参政権・社会権を保障。

自由権	社会権	参政権
人間が自由に生きるための権利	人間らしい生活を求める権利	人権の保障を実現するための権利
平等権		
個人の尊重		

2 自由に生きる権利 教 p.46〜p.47

▶ 自由権…国家などから不当な干渉や妨害を受けない権利。

- (❼　　　　　　)**の自由…思想・良心の自由**，信教の自由など。自分の考えを自由に表現できる(❽　　　　　　)の**自由は，民主主義の実現にとって特に重要な権利。**
- (❾　　　　　　)**の自由…法定の手続きの保障，逮捕・拘禁などに対する保障**，拷問や残虐な刑罰の禁止など。
- (❿　　　　　　)**の自由**…居住・移転の自由，職業選択の自由，財産権。**契約自由の原則，私有財産制度**。
  →公平・公正な社会のため，国による制約を受けることがある。

ココが要点の答えになります。

解答 p.3

2 日本国憲法と基本的人権①

30分 /100点

1 人権思想と発展について，次の文を読んで，あとの問いに答えなさい。 10点×4〔40点〕

a ヨーロッパの思想家は，人はみな生まれながらに等しく，侵(おか)されることのない権利(けんり)をもっていると主張し，多くの国の憲法(けんぽう)に自由や平等の権利が定められた。その後，貧困(ひんこん)や失業などが深刻になり，b 国家に対して人間らしい生活を求める権利が認められた。

よく出る (1) 下線部aについて，次の問いに答えなさい。

① イギリスの思想家ロックについて述べた文を，次から選びなさい。 (　　)

ア 『社会契約論』で人民主権による共和制を説いた。

イ 『法の精神』で権力分立論を説いた。

ウ 『統治二論』で自然権思想と社会契約(けいやく)説を説いた。

② 1789年のフランス革命(かくめい)の際に発表された宣言(せんげん)を何といいますか。 (　　)

(2) 下線部bについて，次の問いに答えなさい。

よく出る ① この権利を何といいますか。 (　　)

② 1919年に初めて①を保障(ほしょう)したドイツの憲法を，何といいますか。 (　　)

2 自由権の内容を示した次の図を見て，あとの問いに答えなさい。 10点×6〔60点〕

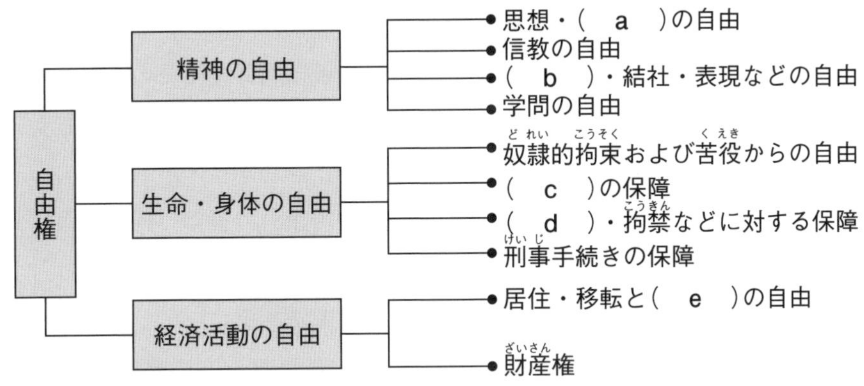

(1) 精神の自由，生命・身体の自由，経済活動の自由のうち，格差が広がるおそれがあるため，国による制約を受けることもある自由はどれですか。 (　　)

(2) a〜eにあてはまる語句を，□からそれぞれ選びなさい。

a (　　) b (　　) c (　　)
d (　　) e (　　)

法定の手続き	職業選択(せんたく)	普通選挙	良心	勤労(きんろう)	集会	逮捕(たいほ)

ちょっとひといき 語句だけ覚えて満足しない！ 人権の名前と，意味を結びつけておこう！

2　日本国憲法と基本的人権②

テストに出る！ ココが要点　解答 p.3

1 等しく生きる権利
教 p.48〜p.49

▶ (❶　　　　)…平等にあつかわれる権利。憲法14条で「法の下の平等」を掲げ，すべて国民は，人種，信条，性別，(❷　　　　)又は門地などにより差別されない，とする。

▶ 女性差別をなくす取り組み…男女の固定的役割分担意識があり，女性の社会進出をさまたげていることによる。

- 1985年，**女子差別撤廃条約**を批准。(❸　　　　)制定。
- 1999年，(❹　　　　)制定。男女がともにあらゆる分野で協力する，男女共同参画社会の実現をめざす。

▶ 障がいのある人とともに生きる取り組み

- **障害者差別解消法**…障がいを理由にした差別を禁止。交通機関や公共施設などの(❺　　　　)化を推進。
- だれもが使いやすい(❻　　　　)の製品。

▶ 外国人がくらしやすい環境づくり

- 日本で250万人以上の外国人が生活。国籍・文化・宗教などがちがっても，認め合い，差別のない社会をつくることが必要。

2 差別のない社会へ
教 p.52〜p.53

▶ (❼　　　　)…被差別部落出身の人々に対する差別。**同和問題**ともいう。就職や結婚などで差別がみられる。

- 1922年，全国水平社創設。差別からの解放を求める。
- 1965年，政府の同和対策審議会の答申→同和対策事業特別措置法制定。
- 2016年，**部落差別解消推進法**制定。

▶ (❽　　　　)への差別…主に北海道に先住していた人々に対する差別。土地をうばわれ，同化政策がとられる。居住や職業選択の自由も制限される。

- 1997年，**アイヌ文化振興法**制定。
- 2008年，「アイヌ民族を先住民とすることを求める決議」採択。
- 2019年，(❾　　　　)制定。

▶ **在日**(❿　　　　)差別…朝鮮からの移住者とその子孫への差別。日本で生まれ生活していることなどを考慮する必要。

❶平等権
平等なあつかいを受ける権利。

❷社会的身分
人が社会において占める継続的な地位。

❸男女雇用機会均等法
雇用において男女の平等をはかる法律。

❹男女共同参画社会基本法
男女がともに責任を担い協力する社会をつくるための法律。

❺バリアフリー
障がいのある人などが不便を感じる社会的障壁をなくす。

❻ユニバーサルデザイン
どんな人にも使いやすいデザイン。

❼部落差別
被差別部落出身者への差別や偏見。

❽アイヌ民族
主に北海道に先住していた民族。

❾アイヌ施策推進法
アイヌ民族の文化や誇りを尊重する社会をめざす法律。

❿在日韓国・朝鮮人
日本でくらしている，朝鮮半島出身の人々とその子孫。

ココが要点の答えになります。

2　日本国憲法と基本的人権②

30分　/100点

1 平等権について，次の文を読んで，あとの問いに答えなさい。⑽12点，他8点×11〔100点〕

日本国憲法では，すべての国民にa平等権を保障しているが，今日でもさまざまな不平等が存在する。b女性に対する差別や，c特定の地域の出身者に対する差別，d主に北海道に先住していた人々に対する差別，e朝鮮半島から日本に移住してきた人々とその子孫に対する差別，f障がいのある人に対する差別などである。

⑴ 下線部aについて，次の条文中のA・Bにあてはまる語句を，それぞれ書きなさい。

A（　　　）　B（　　　）

第14条　すべて国民は（ A ）に平等であって，（ B ），信条，性別，社会的身分又は門地により，政治的，経済的又は社会関係において，差別されない。

⑵ 下線部bについて，次の①・②の法律名をそれぞれ書きなさい。

① 雇用の分野における男女平等を実現するため，1985年に制定された法律。（　　　）

② 男女がともに，あらゆる分野で個性と能力を発揮できる社会をめざし，1999年に制定された法律。（　　　）

⑶ 同和問題ともいわれる，下線部cの人々に対する差別を何といいますか。（　　　）

⑷ 下線部cの人々が，差別からの解放を求め，1922年に創設した組織を何といいますか。（　　　）

⑸ 下線部dの人々を何といいますか。（　　　）

⑹ 下線部dの人々を先住民と明記し，民族の誇りが尊重される社会をめざすため，2019年に制定された法律を何といいますか。（　　　）

⑺ 下線部eの人々を何といいますか。（　　　）

⑻ 下線部fの人々に対して，障がいを理由にした差別を禁止する法律を何といいますか。（　　　）

⑼ 下線部fの人々の日常生活の社会的障壁を取り除くために，電車の乗り降りができるようにスロープを作って段差をなくすなどすることを何といいますか。（　　　）

記述 ⑽ ユニバーサルデザインとはどんなデザインのことですか。簡単に書きなさい。

（　　　）

ちょっとひといき　教科書にのっている写真も要チェック！

2　日本国憲法と基本的人権③

テストに出る! ココが要点　解答 p.4

1 人間らしい生活を営む権利　教 p.54～p.55

▶ (❶　　　　)…人間らしい生活を求める権利。

▶ (❷　　　　)…**健康で文化的な最低限度の生活**を営む権利。医療・年金・介護などの**社会保障**制度を充実させる。

▶ **教育を受ける権利**…**義務教育**は無償。

▶ (❸　　　　)…国に労働の機会を求める権利。賃金などの労働条件の基準を(❹　　　　)**法**で定める。

● (❺　　　　)(**労働三権**)

◇ (❻　　　　)…労働者が**労働組合**をつくる権利。

◇ **団体交渉権**…労働組合が使用者と対等な立場で賃金などの労働条件について交渉する権利。

◇ (❼　　　　)(**争議権**)…労働条件などの要求を実現するために**ストライキ**などの団体行動をする権利。

2 人権の保障を確実にするために　教 p.56～p.57

▶ (❽　　　　)…政治に参加する権利。

● (❾　　　　)…国会議員や地方議会議員，知事や市(区)町村長を選ぶ権利。

● **被選挙権**…国会議員や地方議会議員，知事や市(区)町村長などに立候補する権利。

● 憲法改正の**国民投票**。

● 最高裁判所裁判官の**国民審査**。

● (❿　　　　)…国や地方公共団体に対して，法律や条例の制定や改正などの要望を述べる権利。

▶ **請求権**…人権が侵害されたとき，国や地方公共団体に請求し，救済を求める権利。

● **裁判を受ける権利**…公正な裁判によって救済を受ける権利。

● **国家賠償請求権**…公務員の不法行為によって損害を受けた人が国や地方公共団体に対して損害賠償を求める権利。

◇ **ハンセン病**元患者たちが，国の隔離政策に対して賠償を請求。

● **刑事補償請求権**…裁判で無罪になった人が，国に補償を求める権利。

❶**社会権**
国に対して人間らしい生活を求める権利。

❷**生存権**
健康で文化的な最低限度の生活を営む権利。

❸**勤労の権利**
国に労働の機会を求める権利。

❹**労働基準法**
労働条件の最低基準を定めた法律。

❺**労働基本権**
労働三権。団結権，団体交渉権，団体行動権。

❻**団結権**
労働組合をつくる権利。

❼**団体行動権**
ストライキなどを行う権利。

❽**参政権**
政治に参加する権利。

❾**選挙権**
代表者を選ぶ権利。満18歳以上の国民に認められている。

❿**請願権**
国や地方公共団体に政治について要望する権利。

ココが要点の答えになります。

テストに出る！

予想問題　2　日本国憲法と基本的人権③

30分　/100点

1 憲法で定められた権利について，次の問いに答えなさい。　(2)9点，他8点×7〔65点〕

よく出る (1) 右のグラフは生活保護受給世帯数を示しています。これを見て，次の問いに答えなさい。

175 万世帯
150
120
100
75
50
25
0
164
1952 60 70 80 90 2000 10 19年度
(厚生労働省資料)

① この制度は，憲法第25条で定められた何という権利を保障するための制度ですか。　(　　　　)

② ①の権利について，憲法は「すべて国民は，健康で(　　　)な最低限度の生活を営む権利を有する」としています。(　　　)にあてはまる語句を書きなさい。　(　　　　)

記述 (2) 日本国憲法では，教育を受ける権利が経済的な理由で損なわれることがないよう，憲法第26条でどのようなことを定めていますか。(　　　　)

(3) 勤労の権利について，次の問いに答えなさい。

① 労働者の権利を守るため，賃金や労働時間など労働条件の最低基準を定めた法律を，何といいますか。　(　　　　)

② 労働者が労働組合をつくり，労働条件などの要求を実現するための権利を，まとめて何といいますか。　(　　　　)

③ ②の具体的な権利を３つ書きなさい。

(　　　　)(　　　　)(　　　　)

2 人権の保障を実現するための権利について，次の問いに答えなさい。　7点×5〔35点〕

よく出る (1) 次の文中のA～Cにあてはまる語句を，□からそれぞれ選びなさい。

A(　　　　)　B(　　　　)　C(　　　　)

国民が政治に参加する権利を参政権といい，国民の代表者を選ぶ(A)などを認め，憲法改正の(B)や最高裁判所裁判官の(C)などを設けている。

選挙権　住民投票　国民審査　被選挙権　罷免権　国民投票

(2) 人権が侵害されたとき，国や地方公共団体に救済を求める権利を，何といいますか。

(　　　　)

(3) 国民が，国や地方公共団体に対して要望を述べる権利を，何といいますか。

(　　　　)

ちょっとひといき　テストが始まったら必ず最初にクラスと名前を書くようにしよう！

2　日本国憲法と基本的人権④

❶知る権利
国などがもつ情報を知る権利。

❷情報公開制度
国などに情報の公開を義務づける制度。

❸プライバシーの権利
私生活をみだりに公開されない権利。

❹環境権
良好な生活環境を求める権利。日照権など。

❺自己決定権
自分の生き方を自分で決める権利。

❻世界人権宣言
国際連合総会で採択。人権保障の水準を掲げる。

❼国際人権規約
人権保障を義務づける条約。

❽NGO
非政府組織。

❾公共の福祉
社会全体の利益・幸福。人権を制限する。

❿納税の義務
税金を納める義務。

ココが要点の答えになります。

テストに出る！ ココが要点

解答 p.4

1 社会の変化と人権保障—情報化と人権—

教 p.58～p.59

- 新しい人権…幸福追求権(憲法第13条)などを根拠に保障。
- (❶　　　　　　)…国や地方公共団体の情報を知る権利。
  - (❷　　　　　　)制度…公文書の公開を請求できる。
- (❸　　　　　　)…私生活が他人から干渉されない権利。
  - 個人情報保護制度…自分の情報を自分で管理できるようにする(自己情報コントロール権)に基づいてつくられた。

2 社会の変化と人権保障—科学技術と人権—

教 p.62～p.63

- (❹　　　　　　)…人間らしい生活環境を求める権利。
  - 環境基本法の制定。
  - 環境アセスメントの実施。
- (❺　　　　　　)…個人の生き方を自由に決定する権利。
  - 治療を受ける際のインフォームド・コンセント。
  - 臓器提供意思表示カードの記入・所持。

▼日照権の確保

3 国際的な人権の保障

教 p.64～p.65

- 国際連合…1948年，(❻　　　　　　)を採択し，人権保障の水準を掲げる→1966年，(❼　　　　　　)を採択。
  - そのほか，人権保障の確保のため，難民条約，人種差別撤廃条約，児童(子ども)の権利条約などを採択。
- グローバル化と人権保障
  - 国境なき医師団などの(❽　　　　　　)(非政府組織)や弁護士会などの民間組織も人権問題に取り組む。

4 公共の福祉と国民の義務

教 p.66～p.67

- (❾　　　　　　)…自由および権利は濫用してはならず，ほかの人々の人権を守るために制限されることがある。
  - 他人の名誉を傷つける行為の禁止，資格のない人の営業の禁止，公共施設をつくるための土地の収用など。
- 国民の義務…日本国憲法で，子どもに普通教育を受けさせる義務・勤労の義務・(❿　　　　　　)の義務を定める。

予想問題　2　日本国憲法と基本的人権④

30分　/100点

1 新しい人権について，次の問いに答えなさい。　7点×4〔28点〕

よく出る (1) 次の①〜③にあてはまる人権を，それぞれ書きなさい。

①(　　　　　　　)　②(　　　　　　　)　③(　　　　　　　)

① 個人の私的な生活を他人の不当な干渉(かんしょう)から守る権利(けんり)。

② 国や地方公共団体の活動の情報を知る権利。

③ 個人が自分の生き方などを自由に決定する権利。

(2) 右のカードは，(1)のどの人権を尊重(そんちょう)するためのものですか。①〜③から選び，番号で書きなさい。(　　)

2 人権保障について，次の問いに答えなさい。　6点×12〔72点〕

(1) 人権を国際的に保護する活動について，次の問いに答えなさい。

よく出る ① 国際連合総会で1948年に採択(さいたく)された，人権保障(ほしょう)のための宣言(せんげん)を何といいますか。(　　　　　　　)

② 右のような子どもたちの権利を定めた条約を何といいますか。(　　　　　　　)

- 生きる権利
- 育つ権利
- 守られる権利
- 参加する権利

③ 国際的な人権問題に取り組む国境なき医師団などの非政府組織を何といいますか。アルファベット３字で書きなさい。(　　　　　　　)

記述 (2) 右の図は，AとBどちらの住民の，何という権利を保障(ほしょう)している例ですか。簡単(かんたん)に書きなさい。

(　　　　　　　　　　　　　　　　)

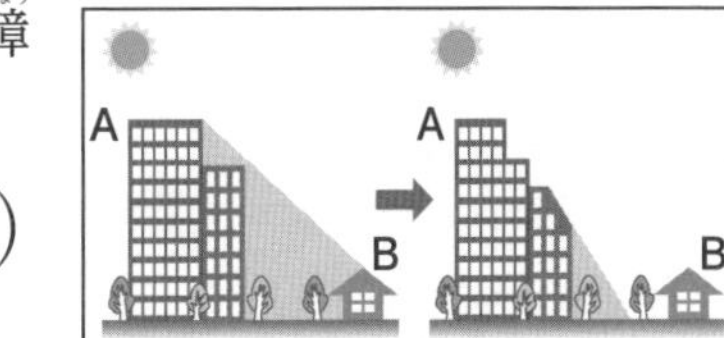

(3) 右の表について，次の問いに答えなさい。

① 表中の(　　)にあてはまる語句を書きなさい。(　　　　　　　)

(　　　)による人権制限の例
ア　名誉を傷つける行為の禁止
イ　感染症(かんせんしょう)による強制入院
ウ　公務員のストライキの禁止
エ　不備のある建築の禁止

② 次のA〜Dの人権を制限している例を，表中のア〜エから選びなさい。

A 労働基本権　B 財産権の保障

C 表現(ひょうげん)の自由(じゆう)　D 居住・移転の自由

A(　　)　B(　　)　C(　　)　D(　　)

よく出る (4) 日本国憲法(けんぽう)が定めている国民の３つの義務を書きなさい。

(　　　　　　)(　　　　　　)(　　　　　　)

3　日本の平和主義

満点★ミッション

❶平和主義
戦争を放棄し，世界平和に貢献する。日本国憲法で定める。

❷第９条
前文とともに，日本の平和主義を定める。

❸自衛隊
日本の平和と安全を守る組織。

❹自衛権
主権国家がもつ，自らを守る権利。

❺専守防衛
攻撃を受けてから初めて防衛力を使う，日本の防衛の原則の一つ。

❻非核三原則
核兵器を「もたず」「つくらず」「もちこませず」という原則。日本は唯一の被爆国。

❼文民統制
文民は，現役の軍人等ではない人のこと。

❽日米安全保障条約
日本の安全保障に関する，日米間の条約。1951年締結。

❾集団的自衛権
憲法解釈の変更で，条件が満たされる場合は行使が可能に。

❿平和維持活動（ＰＫＯ）
紛争解決を目的とする，国連の活動。

テストに出る！ ココが要点　解答 p.5

1 日本国憲法の平和主義　教 p.70～p.71

▶ （❶　　　　）…日本国憲法の三原則の一つ。

● 前文…再び戦争（日中戦争や第二次世界大戦）の惨禍を起こさない。世界の人々と協調しながら安全と生存を保持する。

● 第（❷　　）**条…戦争の放棄・戦力の不保持・交戦権の否認。**

▶ （❸　　　　）…日本の防衛を主な任務とする組織。警察予備隊（1950年）→保安隊→自衛隊（1954年）。

▶ （❹　　　　）…主権国家がもつ，他国の攻撃から自国を守る権利。

● 日本の防衛の原則

◇（❺　　　　）…相手の攻撃を受けてから，初めて防衛力を使う。作戦や戦力は，最小限度に限られる。

◇（❻　　　　）…核兵器を**「もたず」「つくらず」「もちこませず」**。

◇（❼　　　　）（**シビリアンコントロール**）…内閣総理大臣や国務大臣が，現役の軍人等でないこと，国会が自衛隊の組織や行動を法律や予算で決定すること。

◇ 平和主義と自衛隊…政府は，自衛隊は自衛のための最小限の実力であり，憲法の禁止する「戦力」にあたらないとする。

2 日米安全保障条約と日本の国際貢献　教 p.72～p.73

▶ （❽　　　　）**条約**…日本の安全と，極東における国際平和を守るため，1951年アメリカと結ぶ。

● アメリカ軍の国内駐留を認める，基地を提供。

● 在日アメリカ軍基地の面積の約70％が沖縄県にある。

▶ （❾　　　　）…他国への武力攻撃に対し，その国と共同して防衛行動をとる。

● 2015年，**安全保障関連法**の成立で，集団的自衛権の行使が限定的に認められる。

▶ 自衛隊の国際貢献

● 地域紛争や民族紛争解決のため，国連の（❿　　　　）（ＰＫＯ）に参加。人道復興支援のための後方支援活動の実施。

ココが要点の答えになります。

予想問題 3 日本の平和主義

30分　/100点

1 次の問いに答えなさい。　(3)9点，他8点×7〔65点〕

よく出る (1) 次の憲法の条文中のA～Dにあてはまる語句を，□からそれぞれ選びなさい。

A(　　　　) B(　　　　) C(　　　　) D(　　　　)

> 第9条 ①日本国民は，…国権の発動たる戦争と，武力による威嚇又は武力の行使は，(A)を解決する手段としては，永久にこれを(B)する。
> ②前項の目的を達するため，陸海空軍その他の(C)はこれを保持しない。国の(D)は，これを認めない。

国際協調
戦力　戦争
放棄　自衛権
国際紛争
希求　交戦権

(2) 日本の防衛の原則について，次の①～③にあてはまるものをそれぞれ書きなさい。

① 核兵器を「もたず」「つくらず」「もちこませず」という原則。(　　　　)

② 相手の攻撃を受けてから初めて防衛力を使うこと。(　　　　)

③ 文民である内閣総理大臣や国務大臣が自衛隊の最高指揮権をもつこと。(　　　　)

記述 (3) 自衛隊が憲法の禁止する「戦力」にあたらない理由を，政府はどのように説明していますか。簡単に書きなさい。

(　　　　)

2 次の文について，あとの問いに答えなさい。　7点×5〔35点〕

> 日本は，aアメリカ軍の国内駐留を認めており，在日アメリカ軍基地の面積の約70%が(X)にある。また，憲法の平和主義と，冷戦終結後に起こっている(Y)や民族紛争などへのb国際貢献や，c有事へのそなえとの関係が問題となっている。

(1) Xにあてはまる都道府県名とYにあてはまる語句を書きなさい。

X(　　　　) Y(　　　　)

(2) 下線部aについて，1951年に日本がアメリカと結んだ条約を何といいますか。

(　　　　)

よく出る (3) 下線部bについて，日本の自衛隊が参加している国連の平和維持活動を，アルファベットで書きなさい。(　　　　)

(4) 下線部cについて，他国への武力攻撃に対し，自国の安全をおびやかすものとみなして，その国と共同して防衛行動をとる権利を何といいますか。(　　　　)

ちょっとひといき　覚えたところはしるしをつけるようにすると，達成感UP！

第2編 第2章 国民主権と日本の政治

1　民主政治と政治参加

テストに出る！ **ココが要点** 解答 p.6

1 民主政治のしくみ

教 p.78～p.79

▶ 政治…対立を調整し，ものごとを決めていくはたらき。

- (❶　　　　　　　)…権力を分割し，**抑制と均衡**をとる。
  - ◇(❷　　　　　　　)…国の権力を，立法権・**行政権**・**司法権**に分割し，それぞれを**国会**・**内閣**・裁判所が担当する。
  - ◇**地方分権**…国と地方公共団体が仕事や権限を分割する。

▶ 民主政治…民主主義に基づく政治⇔ヒトラーの独裁体制。

- (❸　　　　　　　)…国民が重要な決定に直接参加する。
- (❹　　　　　　　)…国民が選挙によって選んだ代表者が決定する。議会制民主主義(**代議制**)ともいう。
- 少数意見の尊重…異なる意見をもつ人たちの考えを取り入れる。

2 選挙の意義としくみ

教 p.80～p.81

▶ 選挙の原則

- 直接選挙…国民が議員を選挙で直接選ぶ。
- (❺　　　　　　　)…一定の年齢に達したすべての国民に選挙権と被選挙権が認められる。
- 秘密選挙…無記名で投票を行う。
- 平等選挙…１人が１票をもつ。

▶ 選挙制度…公職選挙法に定められている。

- (❻　　　　　　　)…**各選挙区から１人**を選ぶ。
- **大選挙区制**…各選挙区から２人以上を選ぶ。
- (❼　　　　　　　)…政党に投票し，各政党の得票率に応じて議席を配分する。
- 衆議院**議員選挙**は，小選挙区制と比例代表制を組み合わせた(❽　　　　　　　　　)。**参議院議員選挙**は，原則として都道府県を単位とした選挙区制と比例代表制を組み合わせて行う。

▶ 日本の選挙制度の問題点

- (❾　　　　　　　)…各選挙区における議員１人あたりの有権者数が異なる。最高裁判所で**違憲判決**→格差を小さくする。
- 選挙資金…多くの費用がかかり，政党が特定の企業や団体に依存する→献金額を制限し，(❿　　　　　　　)を助成。

❶**権力分立**
政治権力が集中し人々の自由と権利をおびやかさないよう，権力を分割する。

❷**三権分立**
立法権・行政権・司法権がたがいに抑制と均衡をとる。

❸**直接民主制**
国民が決定に直接参加して意思を表明。

❹**間接民主制**
国民が選んだ代表者が決定。

❺**普通選挙**
年齢以外に選挙権の制限はない。かつては納税額や性別による制限があった(制限選挙)。

❻**小選挙区制**
候補者に投票し，各選挙区で１人選ぶ。

❼**比例代表制**
政党に投票し，得票率で議席配分。

❽**小選挙区比例代表並立制**
衆議院議員選挙の選挙制度。

❾**一票の格差**
選挙区で議員1人あたりの有権者数に差がある。

❿**政党交付金**
国が政党に助成。使いみちの報告の義務。

ココが要点の答えになります。

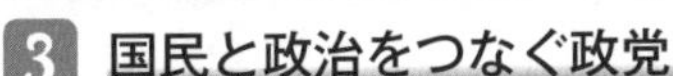

3 国民と政治をつなぐ政党

教 p.82～p.83

▶ (⑪　　　　　　)…政治について同じ考えをもつ人たちがつくる団体。選挙のとき国民に(⑫　　　　　　)や**政権公約**を示し，政権の獲得や政策の実現をめざす。

▶ (⑬　　　　　　)…政党を中心に運営される政治。内閣を組織し，政権を担当する政党を(⑭　　　　　　)，それ以外の政党を(⑮　　　　　　)という。

	長所	短所	国の例
(⑯　　　　　　)	・少数意見を政治に反映できる。 ・有権者の選択肢が増える。	・政局が不安定になりやすい。 ・政権交代による緊張感がない。	日本，イタリア，ドイツ，フランス
(⑰　　　　　　)	・政局が安定する。 ・政権交代による緊張感がある。	・少数意見が反映されづらい。 ・選択をせばめる可能性がある。	アメリカ，イギリス
一党制	・党が強い指導力を発揮できる。 ・長期的に政策を実行できる。	・野党がなく，独裁政治になる。 ・国民の意見が反映されづらい。	中国，キューバ，北朝鮮

- (⑱　　　　　　)…複数の政党が内閣を組織する政権。比例代表制の国で多くみられる。

▶ 日本の政党…**多党制**の政党政治。

- 1955年～1993年，自由民主党(自民党)がほぼ単独で政権を担当→1993年～連立政権化→2009年，**民主党**中心の連立政権→2012年，**自民党・公民党**の連立政権。

4 政治参加と世論

教 p.84～p.85

▶ 国民の政治参加…議員などへの立候補・投票，国会や行政機関への陳情や請願，直接請求など。

- **利益団体**…政党や政治家に政策案を提示する団体。
- 投票率の低下…政治への無関心，政党や政治家などへの不信感。

▶ (⑲　　　　　　)…政治や社会の問題について，多くの国民がもつ意見。世論を知るため**世論調査**などが行われる。

- 新聞・テレビ・ラジオなどのマスメディアが世論に影響。
- インターネット…マスメディアを通さず，政党と利用者を結ぶ。

▶ (⑳　　　　　　)…どの情報がより客観的であり真実であるかどうかを判断し活用できる能力。

⑪**政党**(せいとう)
政治理念や政策を同じくする人がつくる政治団体。

⑫**公約**(こうやく)
社会が直面する課題や解決方法を示す。有権者に対する政党や政治家の約束。

⑬**政党政治**(せいとうせいじ)
議員が政党に所属し，政党が中心となって行う政治。

⑭**与党**(よとう)
政権に参加する政党。

⑮**野党**(やとう)
与党以外の政党。内閣を監視・批判。

⑯**多党制**(たとうせい)
主な政党が三つ以上存在する。

⑰**二大政党制**(にだいせいとうせい)
二つの大政党が政権を争う。

⑱**連立政権**(れんりつせいけん)
複数の政党が協力して多数派となり，内閣を組織する政権。

⑲**世論**(よろん)
公共の問題について多くの国民がもつ意見。

⑳**メディア・リテラシー**
多様な情報を無批判に受け入れず，情報を自ら判断し，活用できる能力。

テストに出る！

予想問題　1　民主政治と政治参加

30分　/100点

1 次の図は，それぞれ民主政治のしくみを示しています。あとの問いに答えなさい。

4点×6〔24点〕

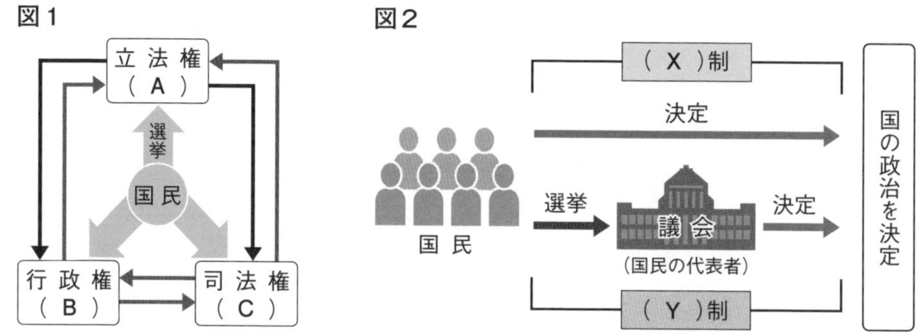

よく出る (1) 図1中のA〜Cにあてはまる国の機関を，それぞれ書きなさい。

A（　　　　）　B（　　　　）　C（　　　　）

(2) 図1のように，国の権力（けんりょく）をいくつかに分割（ぶんかつ）したり，権力を国だけに集中させないで地方公共団体に分割したりするしくみを何といいますか。（　　　　）

(3) 図2中のX・Yにあてはまる語句を，それぞれ漢字4字で書きなさい。

X（　　　　）　Y（　　　　）

2 選挙について，次の問いに答えなさい。

4点×8〔32点〕

よく出る (1) 次の①〜③の原則にもとづく選挙を，それぞれ何といいますか。

①（　　　　）　②（　　　　）　③（　　　　）

① 公平に1人が1票の投票をする。

② 無記名で投票を行う。

③ 一定の年齢（ねんれい）に達したすべての国民に，選挙権を認（みと）める。

(2) 選挙制度について，次の問いに答えなさい。

① 次のA〜Cにあてはまる選挙制度をそれぞれ書きなさい。

A 各選挙区から1人選ぶ。（　　　　）

B 政権に投票し，得票数に応じて議席を配分する。（　　　　）

C 衆議院（しゅうぎいん）議員選挙で採用されている。（　　　　）

② 死票が少なく，国民のさまざまな意見を反映（はんえい）しやすいが，議会に責任ある多数派ができにくいとされる選挙制度を，①のA〜Cから選びなさい。（　　）

(3) 最高裁判所（さいばんしょ）から違憲（いけん）判決が出された，各選挙区の議員1人あたりの有権者数の差のことを何といいますか。（　　　　）

ちょっとひといき　文章を読んでわかりにくいときは図にして整理してみよう！

3 次の文と右のグラフを見て，あとの問いに答えなさい。

4点×8〔32点〕

内閣に参加する政党を（ A ）といい，それ以外の政党を（ B ）という。政党を中心に運営される政治を政党政治といい，イギリスやアメリカのような二大政党制と，ヨーロッパの多くの国でみられる多党制，中国や北朝鮮のような一党制がある。

(1) 文中とグラフ中のA・Bに共通してあてはまる語句を，それぞれ書きなさい。

A（　　　　　）
B（　　　　　）

（2018年刊「日本統計年鑑」ほかより）

(2) グラフ中のX・Yにあてはまる政党名を，□から選びなさい。

X（　　　　　）
Y（　　　　　）

日本共産党　立憲民主党　公明党　自由民主党

(3) (1)のAが複数の政党からなる政権を何といいますか。（　　　　　）

(4) 政党が選挙のときに発表する，政権を担当した場合に実施する政策を何といいますか。（　　　　　）

記述 (5) 下線部の①長所と②短所を，それぞれ１つ書きなさい。

①（　　　　　）②（　　　　　）

4 次の文を読んで，あとの問いに答えなさい。

3点×4〔12点〕

民主政治では，主権者である国民が a 選挙などの方法で政治参加を行う。また，政府や政党は，国民の（ A ）にこたえる政策を進めて，国民の支持を得ようとする。その（ A ）のあり方に大きな影響をおよぼすのが b マスメディアである。

(1) 下線部aについて，近年の選挙で，国民の政治への無関心や不信感から問題となっていることは何ですか。解答欄にあてはまる語句を書きなさい。（　　　　　）の低下

(2) 文中のAには，政治や社会について，多くの国民がもっている意見があてはまります。あてはまる語句を書きなさい。（　　　　　）

(3) 下線部bにあてはまらないものを，□から選びなさい。（　　　　　）

テレビ　雑誌　ラジオ　電話　新聞

(4) 下線部bが伝える情報を批判的に読み取り，社会のできごとを公正な観点でとらえ，活用する能力を何といいますか。カタカナで書きなさい。（　　　　　）

2 国の政治のしくみ①

❶**議会制民主主義**
国民が議員を選び，議員が構成する議会を中心に政治を行う。

❷**国会**
唯一の立法機関，国権の最高機関。

❸**二院制**
衆議院と参議院で国会を構成。選挙区や，任期にちがい。

❹**両院協議会**
衆議院と参議院の議決が異なる場合，意見の調整のために開かれる会。

❺**衆議院の優越**
解散制度があり，任期が短い，衆議院の意思を優先する。

❻**法律の制定**
法律をつくる。

❼**予算の審議**
内閣が作成した予算を審議・議決する。

❽**内閣総理大臣の指名**
国会議員のなかから指名。

❾**委員会**
議員が分かれて参加し，分野ごとに審議を行う。

❿**本会議**
全ての議員が参加して採決をする。

テストに出る！ ココが要点 解答 p.7

1 国会の地位としくみ 教 p.88〜p.89

▶ (❶　　　　　　)…議会を中心に，民主政治が行われる。

▶ (❷　　　　　　)…国民を代表する議会。

- 国の「**唯一の立法機関**」・「**国権の最高機関**」(憲法第41条)。

▶ (❸　　　　　　)…国会は衆議院と参議院からなる。たがいの院のゆきすぎをおさえ，慎重な審議を行う。

- 両院の議決が異なる場合，意見調整のため，(❹　　　　　　)を開くことがある。

	衆議院	参議院
議員定数	465	248
任期	4年	6年
選挙権	18歳以上	18歳以上
被選挙権	25歳以上	30歳以上
選挙区	小選挙区289人 比例代表176人	45選挙区148人 比例代表100人
解散	ある	ない

▶ (❺　　　　　　)
…予算の議決などに衆議院の意思を優先させる。

予算の先議	衆議院に先に提出	法律案の議決	出席議員の3分の2以上の再可決で成立
予算の議決	両院が異なる議決をしたときや，参議院が一定期間議決をしないとき，衆議院の議決が国会の議決となる		
条約の承認		内閣不信任の決議	内閣不信任の決議は衆議院だけができる
内閣総理大臣の指名			

2 国会の仕事 教 p.90〜p.91

▶ 国会の仕事

- (❻　　　　　　)の**制定**…議員立法と内閣が提出する法案。
- (❼　　　　　　)の**審議**・議決。
- (❽　　　　　　)の**指名**…1人が1票をもつ。
- そのほか，条約の承認，弾劾裁判所の設置など。

▶ 国会の種類…常会(通常国会)，**臨時会**(臨時国会)，**特別会**(特別国会)，参議院の**緊急集会**。

▶ 国会の運営…議員が分かれて参加する(❾　　　　　　)と，すべての議員が参加する(❿　　　　　　)で審議される。

- 重要な議案では**公聴会**を開く。
- 議案の議決は過半数の賛成による多数決。
- 国政調査権に基づき**証人喚問**が行われることがある。

ココが要点の答えになります。

2 国の政治のしくみ①

30分 /100点

1 次の文を読んで，あとの問いに答えなさい。 (5)9点，他7点×7〔58点〕

日本国憲法は，国会を（ A ）の最高機関と位置づけている。また，国会だけに法律をつくる権限をもたせ，国の唯一の（ B ）としている。国会は，a衆議院と参議院からなる（ C ）で，b慎重な審議を行うことが期待されている。

よく出る (1) A～Cにあてはまる語句を，それぞれ書きなさい。

A（　　　） B（　　　） C（　　　）

(2) 下線部aについて，①衆議院と②参議院の議員の任期を，それぞれ書きなさい。

①（　　　） ②（　　　）

(3) 下線部bについて，衆議院と参議院が異なる議決をした場合，両院の意見を調整するために開くことがある会議を何といいますか。（　　　）

よく出る (4) 予算について，(3)の会議でも意見が一致しない場合，衆議院の議決が国会の議決となります。このことを何といいますか。（　　　）

記述 (5) (4)が認められている理由を，次の語句を使って書きなさい。〔意思　解散〕

（　　　）

2 国会の仕事と運営について，次の問いに答えなさい。 7点×6〔42点〕

(1) 次の文にあてはまる国会の種類を書きなさい。

① 毎年1回，1月中に召集される。（　　　）

② 衆議院解散後の，総選挙の日から30日以内に召集される。（　　　）

よく出る (2) 国会の仕事にあてはまらないものを，次から選びなさい。（　　）

ア 憲法改正の発議をする。　イ 最高裁判所長官を指名する。

ウ 内閣総理大臣を指名する。　エ 外国と結んだ条約を承認する。

(3) 右の図は，法律ができるまでの流れを示しています。図中のa～cにあてはまる語句を，□からそれぞれ選びなさい。

a（　　　）

b（　　　）

c（　　　）

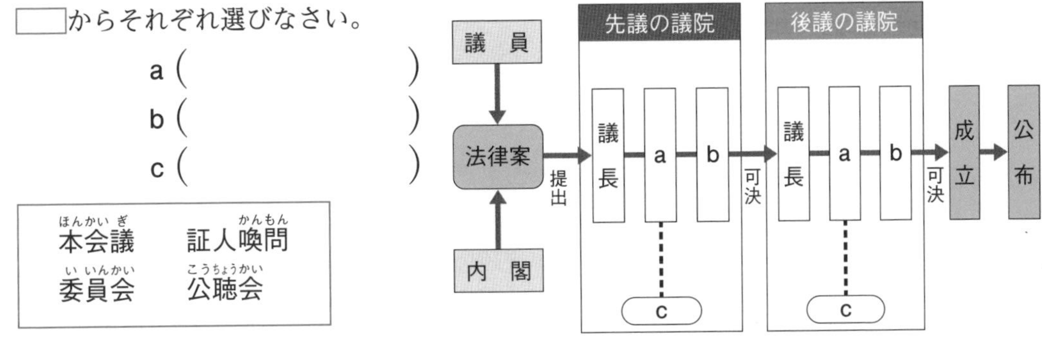

2 国の政治のしくみ②

満点ミッション

❶行政(ぎょうせい)
国の行政・地方公共団体の行政(地方行政)がある。

❷条約
外国や国際機関と結ぶ。

❸内閣総理大臣(ないかくそうりだいじん)
内閣のリーダー。たいていの場合，与党(よとう)の党首がつとめる。

❹閣議(かくぎ)
内閣総理大臣と国務大臣が参加。

❺議院内閣制(ぎいんないかくせい)
国会の支持で内閣が成り立つ。

❻内閣不信任の決議(ないかくふしんにん けつぎ)
内閣の責任を問う決議。

❼衆議院の解散(しゅうぎいん かいさん)
内閣が国民の意思を問うために行う。

❽公務員(こうむいん)
国や地方公共団体などの職員。

❾行政改革(ぎょうせいかいかく)
行政組織の効率を高める試み。

❿規制緩和(きせいかんわ)
企業(きぎょう)や国民の活動に対する規制をゆるめ，自由な競争を進める。

テストに出る！ ココが要点 解答 p.7

1 内閣のしくみと議院内閣制 教 p.92～p.93

▶ (❶　　　　)…国会で決めた法律(ほうりつ)や予算に基づいて実際に国の仕事を行う。

▶ 内閣(ないかく)…国の行政に責任をもち，全体をまとめる。内閣のもとにおかれた**省**・**庁**(ちょう)などの機関が仕事を分担(ぶんたん)する。

▶ 内閣の仕事…国の内政や外交の基本方針を検討(けんとう)・決定する。
- 法律案や予算の作成　● 法律や予算の実施(じっし)
- 天皇の**国事行為**(こうい)に対する**助言**と**承認**(しょうにん)
- 最高裁判所長官(さいばんしょ)の指名，その他の裁判官の任命
- このほか，(❷　　　　)の締結(ていけつ)，政令の制定など。

▶ 内閣のしくみ…(❸　　　　)(首相(しゅしょう))と国務大臣(こくむだいじん)で組織。(❹　　　　)を開いて政府の方針(ほうしん)を決定。

▶ (❺　　　　)…内閣が国会の信任に基づき，国会に対して責任を負う。⇔アメリカは**大統領制**(だいとうりょうせい)。
- 内閣総理大臣は，国会議員の中から国会により指名される。
- 国務大臣は内閣総理大臣が任命し，過半数は国会議員。
- 衆議院(しゅうぎいん)は，内閣を信頼(しんらい)できない場合，(❻　　　　)の**決議**(けつぎ)を行う。→可決された場合，内閣は10日以内に**衆議院**(しゅうぎいん)**の**(❼　　　　)をし，**総選挙**を行うか，**総辞職**(そうじしょく)をする。

2 行政権の拡大と国民の生活 教 p.94～p.95

▶ (❽　　　　)…各省庁などで行政の仕事をする。
- 国の機関で国家公務員，地方公共団体で地方公務員が働く。
- 一部の人のためではなく，国民「**全体の奉仕者**(ほうししゃ)」(憲法(けんぽう)第15条)。

▶ 行政組織の財政や人員の規模(きぼ)が大きく，むだや非効率が生じる(**たてわり行政**)。→行政を効率化し，むだな仕事を減らし，新しい要望に応える(❾　　　　)が進んでいる。
- (❿　　　　)…国民の利益を守るため，企業の経済(けいざい)活動に対する規制をゆるめ，自由な競争をうながす。
- 公務員の数を減らす。　● 地方分権を進める。
- 国会や国民が行政の活動を理解し，判断できるようにするため，行政に関する情報公開も大切。

ココが要点の答えになります。

解答 p.7

テストに出る！

予想問題　2 国の政治のしくみ②

30分　/100点

1 右の図を見て，次の問いに答えなさい。　10点×5〔50点〕

よく出る (1) 図のように，内閣が国会の信任に基づいて成立し，国会に対して責任を負うしくみを何といいますか。

(　　　　　)

(2) (1)に対して，アメリカなどで採用されている，権力の分立がより厳格な制度を何といいますか。

(　　　　　)

(3) A・Bにあてはまる語句を□から選びなさい。

A (　　　　　)

B (　　　　　)

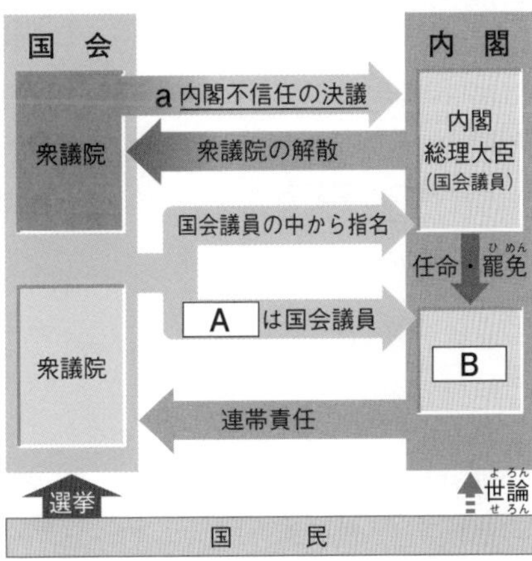

過半数	3分の2以上	国務大臣	裁判官

記述 (4) 下線部aが可決されたあと，内閣がしなければならないことを，簡単に書きなさい。

(　　　　　　　　　　　　　　　　　　　　)

2 次の文を読んで，あとの問いに答えなさい。　10点×5〔50点〕

a 行政活動が国民生活の広い範囲をカバーするにつれて，行政組織の財政や人員の規模が大きくなり，むだや非効率が生じるようになった。そこで，行政を効率化し，その任務を減らす b 行政改革が進められている。

よく出る (1) 下線部aについて，内閣の仕事を次から2つ選びなさい。　(　　)(　　)

ア 法律の執行　　イ 予算の議決

ウ 条約の承認　　エ 弾劾裁判所の設置

オ 憲法改正の発議　　カ 国事行為に対する助言と承認

(2) 省庁や地方公共団体で働く職員を何といいますか。　(　　　　　)

(3) 日本国憲法では，(2)を国民の何であるべきだと定めていますか。(　　　　　)

(4) 下線部bについて，日本で進められている行政改革の例として正しいものを選びなさい。

(　　)

ア 中央集権を進める。

イ 公務員の数を増やす。

ウ 規制緩和を行う。

ちょっとひといき　正誤問題は，シンプルな選択肢から正しいかを考えていこう！

2 国の政治のしくみ③

❶**司法権**
三権の一つ。裁判所が担当。

❷**裁判所**
法に基づいて裁判を行う。

❸**三審制**
裁判を慎重に行い，権利や自由を守るためのしくみ。

❹**司法権の独立**
裁判所は，他の権力からの圧力や干渉を受けない。

❺**弾劾裁判**
不適任な裁判官をやめさせる裁判。

❻**違憲審査権**
裁判所がもつ，法律・命令・規則・処分が憲法に違反していないか判断する権限。

❼**民事裁判**
利害関係の対立を争う。

❽**刑事裁判**
犯罪を裁く。

❾**罪刑法定主義**
犯罪と刑罰があらかじめ法律に定められていなければ，処罰できない。

❿**推定無罪の原則**
有罪判決を受けるまでは無罪と推定される。

ココが要点の答えになります。

テストに出る！ ココが要点 解答 p.8

1 法を守る裁判所 教 p.98〜p.99

▶ **裁判**…犯罪や契約をめぐる争いを第三者の判定により解決する。

▶ 司法権と裁判所

- (❶)…法に基づいて裁判を行う権限。
- (❷)…**最高裁判所**と4種類の下級裁判所(高等裁判所・地方裁判所・家庭裁判所・簡易裁判所)がある。
- (❸)…同一の事件について3回まで裁判を受けることができる。国民には**裁判を受ける権利**が保障されている。
  ◇第一審→第二審は**控訴**，第二審→第三審は**上告**。

▶ (❹)…裁判所は，国会や内閣などの権力から圧力・干渉を受けずに司法権を行使する。

- **裁判官の独立**…**憲法**と**法律**にのみ拘束され，良心に従う。
- 裁判官の身分保障…国会議員による(❺)など，特別な理由がない限り，やめさせられない。

▶ (❻)…法律や国の行為が憲法に違反していないかを判断する権限。最高裁判所は「**憲法の番人**」といわれる。

2 裁判のしくみと人権の尊重 教 p.100〜p.101

▶ (❼)…権利や義務について争う裁判。訴えた人を**原告**，訴えられた人を**被告**という。判決や和解で問題を解決。

▶ (❽)…犯罪の有無を判断し，有罪の場合に刑罰を決める裁判。**検察官**が，**被疑者**を**被告人**として**起訴**する。

▶ 裁判と人権尊重

- 弁護人を依頼できない場合，国が**国選弁護人**をつける。
- (❾)**主義**…犯罪とそれに対する刑罰は，あらかじめ法律で定めなければならない。
- **適正手続の保障**…被疑者や被告人にどんな疑いがかけられているのかを知らせ，弁明の機会をあたえなければならない。
- **黙秘権**…質問への答えを拒み，黙っていることが認められる。
- (❿)**の原則**…有罪判決を受けるまで無罪のあつかいを受ける。検察官が証拠にもとづいて有罪であることを明確にしなければ，無罪判決を受ける(「(**疑わしきは罰せず**」)。

3 私たちの司法と裁判員制度

教 p.102〜p.103

▶ (⓫　　　　　　)…裁判に費用や時間がかかり，利用しにくいため，司法制度を改め，国民のための司法を実現する。

- (⓬　　　　　　)…本人に代わって相手と交渉したり，裁判を行ったりする。身近に相談できるよう，「法テラス」が設けられる。

▶ (⓭　　　　　　)…国民が裁判員として裁判官とともに**刑事裁判**を行う制度。

- 重大な犯罪にかかわる第一審が対象。
- くじで選ばれた20歳以上の国民６人が裁判員となる。

▶ 刑事裁判の手続きの変化

- **公判前整理手続**…裁判前に争点や証拠をしぼりこむ。
- **被害者参加制度**…被害者や遺族が質問や意見を述べる。

4 三権分立と政治参加

教 p.106〜p.107

▶ (⓮　　　　　　)…国の権力を，立法・**行政**・**司法**の三権に分け，それぞれを**国会**・内閣・**裁判所**に担当させること。

- 三権がたがいに抑制し合うことで，権力のゆきすぎを防ぐ。
- (⓯　　　　　　)**の指名**…国会が内閣に対して行う。
- (⓰　　　　　　)**の指名**…内閣が裁判所に対して行う。

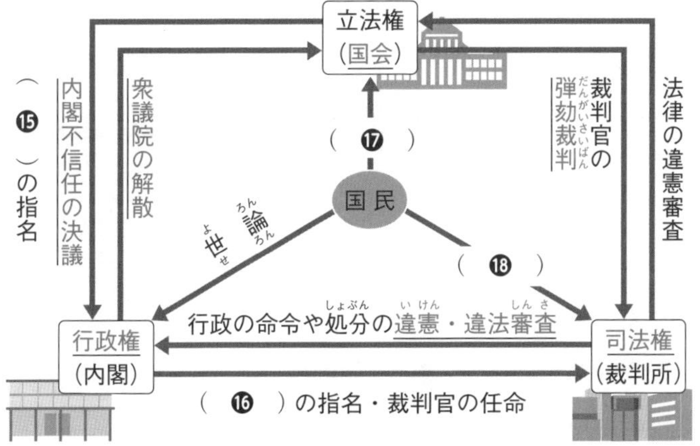

▶ 国民は(⓱　　　　　　)や世論，**最高裁判所裁判官**の(⓲　　　　　　)を通じて三権に影響をあたえる。

▶ (⓳　　　　　　)…選挙によって，これまでの政権とはちがう政策をもつ政党が選ばれると，内閣や議会の構成が変化し，国の政策が変更される。

▶ (⓴　　　　　　)においては，選挙によって政治の方向を決めることができる。

満点ミッション

⓫**司法制度改革**
国民のための司法を実現する改革。

⓬**弁護士**
民事裁判では代理人，刑事裁判では弁護人を務める。

⓭**裁判員制度**
国民が裁判員として刑事裁判に参加。

⓮**三権分立**
国の権力を三つに分ける。

⓯**内閣総理大臣の指名**
内閣の長を選ぶ。

⓰**最高裁判所の長官の指名**
最高裁判所の長を選ぶ。

⓱**選挙**
国民の代表を選ぶ。

⓲**国民審査**
最高裁判所裁判官が適任かどうかを国民の直接投票で審査する。

⓳**政権交代**
与党が代わること。

⓴**民主主義**
みんなのことはみんなで決めるという考え方。

テストに出る！

予想問題　2　国の政治のしくみ③

30分　/100点

1 裁判所について，次の問いに答えなさい。　4点×6〔24点〕

よく出る (1) 裁判所が，国会や内閣など他のどのような権力からも，圧力や干渉を受けずに裁判を行うことを何といいますか。（　　　）

(2) 裁判所と裁判官について正しく述べた文を，次から選びなさい。（　　）

ア　簡易裁判所は，主に家庭に関する事件や少年事件の第一審を行う。

イ　裁判官は一度任命されたら，定年までいかなる理由であってもやめさせられない。

ウ　最高裁判所は，違憲審査の最終的な決定権をもつことから「憲法の番人」とよばれる。

(3) 右の図を見て，次の問いに答えなさい。

① 図中のAにあてはまる裁判所を書きなさい。（　　　）

② 図中のa・bにあてはまる語句をそれぞれ書きなさい。a（　　　）b（　　　）

よく出る ③ 図のように，同一の事件について3回まで裁判を受けることができるしくみを何といいますか。（　　　）

民事裁判
最高裁判所
b・特別抗告
b
高等裁判所
a・抗告
a
b
家庭裁判所
A
a
簡易裁判所
刑事裁判
最高裁判所
b
再抗告
b
高等裁判所
抗告
a
家庭裁判所
A
(少年事件)
a
簡易裁判所

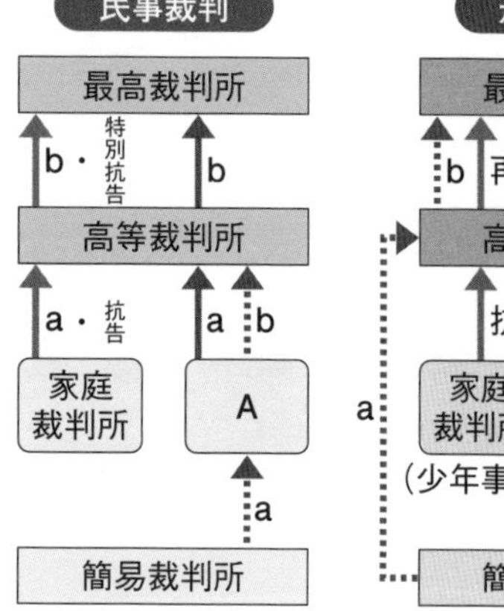

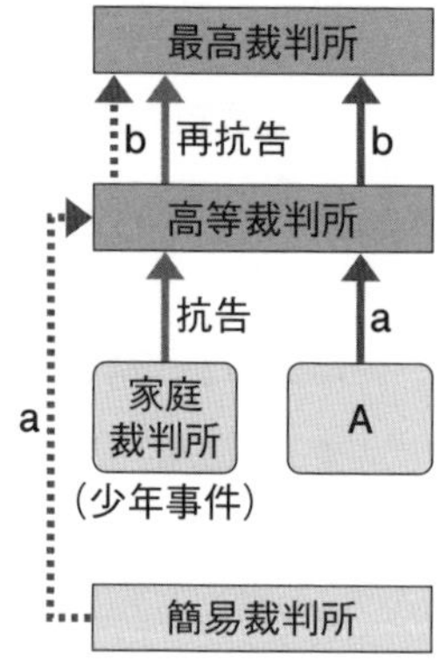

2 裁判について，次の問いに答えなさい。　4点×8〔32点〕

(1) 右の図中のA・Bにあてはまる語句をそれぞれ書きなさい。

A（　　　）

B（　　　）

(2) 右の図を参考にして，次のX～Zにあてはまる人々を，それぞれ書きなさい。

●（ X ）は，原告や被告の利益，被告人の権利を守る。

●（ Y ）は，被疑者を起訴し，裁判では証拠に基づいて有罪を求刑する。

●（ Z ）は，裁判を指揮し，証拠に基づいて判断して，判決を言いわたす。

X（　　　）　Y（　　　）　Z（　　　）

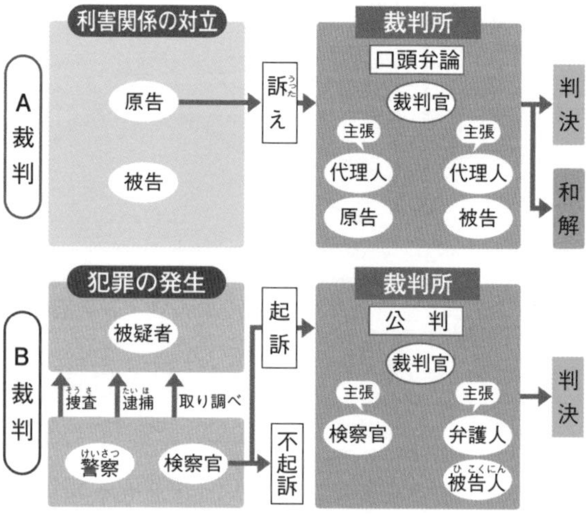

A裁判
利害関係の対立
原告
被告
訴え
裁判所
口頭弁論
裁判官
主張
主張
代理人
代理人
原告
被告
判決
和解
B裁判
犯罪の発生
被疑者
捜査
逮捕
取り調べ
警察
検察官
起訴
不起訴
裁判所
公判
裁判官
主張
主張
検察官
弁護人
被告人
判決

ちょっとひといき　今日の勉強が終わったら，自分をほめてあげよう！

(3) 次の①〜③にあてはまるものを，それぞれ□から選びなさい。

①(　　　　) ②(　　　　) ③(　　　　)

① あらかじめ犯罪とそれに対する刑罰を法律(ほうりつ)で定めておくこと。

② 被疑者や被告人に，どのような疑いがかけられているか知らせたうえで，弁明の機会をあたえること。

③ 無実の罪で有罪となること。

適正手続(てきせいてつづき)の保障(ほしょう)　推定無罪(すいていむざい)の原則(げんそく)　罪刑法定主義(ざいけいほうていしゅぎ)　えん罪

3 次の問いに答えなさい。　5点×4〔20点〕

(1) 2009年に始まった，国民が裁判に参加し，裁判官とともに被告人の有罪・無罪や刑罰の内容を決める制度を何といいますか。(　　　　)

(2) (1)の制度について，正しいものを次から2つ選びなさい。(　　)(　　)

ア 対象となるのは重大な刑事事件である。　**イ** 裁判員は第二審まで参加する。

ウ 裁判員は，30歳(さい)以上のすべての国民からくじで選ばれる。

エ 裁判員は，被告人や証人に直接質問をすることができる。

(3) (1)は，司法を国民の身近なものとするため新たに設けられました。この改革(かいかく)を何といいますか。(　　　　)

4 次の問いに答えなさい。　(2)8点，他4点×4〔24点〕

(1) 右の図は，国会と内閣，裁判所，国民の関係を示しています。A〜Dにあてはまるものを，□からそれぞれ選びなさい。

A(　　　　)
B(　　　　)
C(　　　　)
D(　　　　)

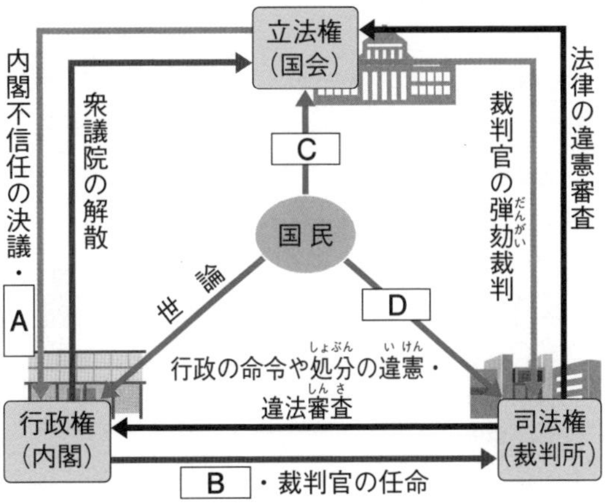

選挙　最高裁判所長官の指名
国民審査　内閣総理大臣の指名

記述 (2) 国が図のしくみを採用している目的を，簡単(かんたん)に書きなさい。

(　　　　　　　　　　　　　　　　　　)

ちょっとひといき　三権分立の図は，自分でもかいてみるとわかりやすいよ！

3 くらしを支える地方自治

満点★ミッション

❶地方自治
地域の問題を住民が自ら決めること。

❷民主主義の学校
住民が直接参加し，合意で決めていく経験を積める。

❸住民自治
住民一人一人が地域の課題解決に取り組む。

❹地方分権
地方公共団体の権限を強めること。

❺地方公共団体
地方自治を動かす政治の組織。

❻首長
都道府県の知事，市(区)町村長。住民が選挙で直接選ぶ。

❼議会〔地方議会〕
都道府県議会，市(区)町村議会。

❽条例
地方公共団体が制定する，地域における独自のきまり。

❾再議権
議会の決定に対し，再検討を求める権利。

❿不信任決議
首長に対する不信任を議決する権利。

テストに出る！ ココが要点 解答 p.9

1 私たちのくらしと地方自治 教 p.108～p.109

▶ (❶　　　　)…住民が自分たちで自分たちの地域の課題に取り組むことを尊重する考え方。地方自治は「(❷　　　　)の学校」。

● (❸　　　　)…地域の一人一人がかかわる。

● (❹　　　　)…国が地方公共団体の活動を制限せず，地域の実情にあった取り組みを行えるようにする。

● 国が防衛や外交，年金の管理など国民全体にかかわる仕事を行い，**地方公共団体**は住民に密着した仕事を行う。

▶ 災害に対する地方自治の役割…被災者の救助，避難所の開設，災害からの復旧・復興など。

2 地方自治のしくみ 教 p.110～p.111

▶ (❺　　　　)(**地方自治体**)…**市(区)町村**や**都道府県**。

● 市(区)町村の仕事…住民サービス，福祉サービス，小中学校の設置・運営，消防業務など。

● 都道府県の仕事…広域医療，高校の設置・運営，警察業務など。

● 地方公務員…これらの業務を行う地方公共団体の職員。

▶ 地方自治のしくみ

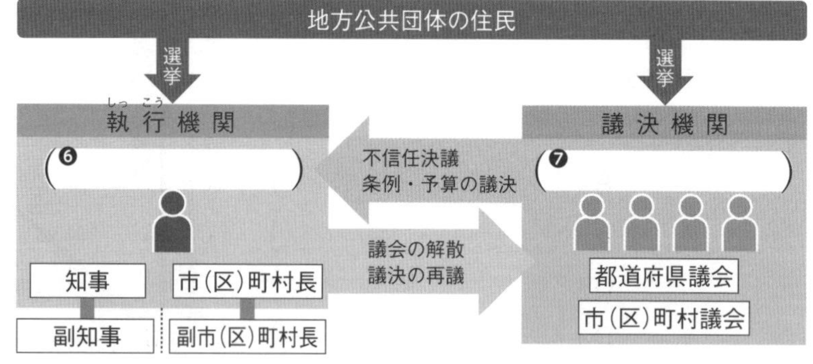

● **執行機関**…都道府県の知事，市(区)町村長。予算案や地域の独自のきまりである(❽　　　　)の案を議会に提出。

● **議決機関**…条例の制定や予算の議決を行い，行政を監視する。

● 首長は議決の(❾　　　　)**権**をもち，**議会の解散**ができる。議会は首長の(❿　　　　)**決議**を行うことができる。→たがいに抑制し合う。

ココが要点の答えになります。

3 地方自治と国の関係

教 p.112～p.113

▶ 地方財政…１年間の収入(（⑪　　　　　）)を確保し，住民のための仕事に使う支出(歳出)を行う。

- （⑫　　　　　）財源…地域の住民や企業が負担。地方公共団体に納める（⑬　　　　　）や，水道料金など。
- （⑭　　　　　）財源…国からあたえられる。
  - ・（⑮　　　　　）…地方公共団体の歳入不足を補う。
  - ・（⑯　　　　　）…国が進める事業の実施を促進。
  - ・地方債…債券を発行し，金銭を借りる。

▶ 国と地方の関係…国の役割を大きくする**中央集権**と，地方の役割を大きくする**地方分権**の２つの考え方。

- 1990年以降，地方分権改革が進む。

▶ （⑰　　　　　）…周辺の市町村と合併し，市町村の規模を拡大することで，行財政の能力を高める。

4 地方自治と私たち

教 p.114～p.115

▶ 住民の政治参加を広げるしくみ

- 地方自治では，（⑱　　　　　）**権**が住民に認められる。

▼**住民の直接請求権**　※有権者が40万人をこえる場合は計算方法が異なる

請求の種類	必要な署名	請求先	請求後の取り扱い
条例の制定・改廃	有権者の50分の１以上	首長	議会を招集し，結果を報告する
監査		監査委員	監査を実施して結果を公表する
議会の解散	有権者の３分の１以上※	選挙管理委員会	住民投票を実施し，過半数の賛成があれば解散
首長・議員の**解職**(リコール)			住民投票を実施し，過半数の賛成があれば解職

- 条例に基づく（⑲　　　　　）…地域の重要な問題について，投票によって住民の意思をはかる。

▶ 住民参加…自分たちの地域の現状を理解し，解決策を考える。
→知る権利を保障する情報公開はこうした活動の基盤となる。

- 住民による勉強会の開催。
- 意見の申し立てを行う住民運動。

▶ ＮＰＯやボランティアとの協働

- これからの地方自治…（⑳　　　　　）(**非営利組織**)やボランティアと行政の協働や社会参画が必要。

⑪**歳入**
地方公共団体の歳入には，自主財源と依存財源がある。

⑫**自主財源**
地方税，水道料金，住民票発行の手数料など。

⑬**地方税**
(都)道府県民税，市(区)町村民税など。

⑭**依存財源**
地方交付税交付金，国庫支出金，地方債など。

⑮**地方交付税交付金**
国からの補助金。使いみちは自由。

⑯**国庫支出金**
国からの補助金。使いみちは特定される。

⑰**市町村合併**
複数の市町村を統合すること。

⑱**直接請求権**
条例の制定・改廃，解職請求など。

⑲**住民投票**
住民が投票により賛成・反対の意思を示すこと。

⑳**ＮＰＯ**
非営利の民間団体。

テストに出る！

予想問題　3　くらしを支える地方自治

30分　/100点

1 次の文を読んで，あとの問いに答えなさい。

⑵8点，他4点×2〔16点〕

それぞれの地域の住民が自分たちで自分たちの課題に取り組むことを，地方自治という。地方自治を進めるためには，国が，都道府県・市(区)町村などの(A)が行う活動を必要以上に制約しないことが必要である。これを(B)という。

⑴　A・Bにあてはまる語句を書きなさい。

A(　　　　)　B(　　　　)

記述 ⑵　下線部が，「民主主義の学校」といわれるのはなぜですか。簡単に書きなさい。

(　　　　)

2 次の問いに答えなさい。

3点×11〔33点〕

⑴　都道府県知事と市(区)町村長のことを何といいますか。　(　　　　)

⑵　⑴と地方議会議員の任期は何年ですか。□から選びなさい。　(　　　　)

3年　4年　5年　6年

よく出る ⑶　①都道府県知事と②市町村長の被選挙権は，それぞれ何歳以上ですか。□から選びなさい。　①(　　　　)　②(　　　　)

18歳以上　20歳以上　25歳以上　30歳以上

⑷　地方議会の役割や仕事を，次から3つ選びなさい。　(　　)(　　)(　　)

ア　議決機関である。　イ　予算を執行する。　ウ　条例を制定・改正する。

エ　予算案を作成する。　オ　予算を決定する。　カ　執行機関である。

⑸　右の図は⑴と議会の関係を示したものです。A・Bにあてはまるものを，□からそれぞれ選びなさい。

A(　　　　)　B(　　　　)

選挙　不信任の議決　解散　任命・罷免

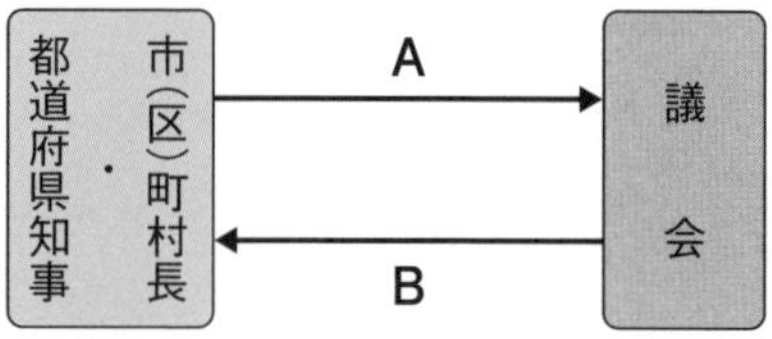

都道府県知事・市(区)町村長 —A→ 議会
議会 —B→ 都道府県知事・市(区)町村長

⑹　地方公共団体が，法律の範囲内で制定する独自のきまりを何といいますか。

(　　　　)

⑺　地方公共団体の仕事ではないものを，次から選びなさい。　(　　)

ア　戸籍や住民登録の管理　イ　公立の小・中学校の設置

ウ　上下水道の整備　エ　法律の制定

ちょっとひといき　赤シートはなくしがちなので，気をつけよう！

3 右のグラフを見て，次の問いに答えなさい。

(4)6点，他4点×4〔22点〕

よく出る (1) 右のグラフは，ある県の財政収入の内わけを示したものです。グラフ中のAにあてはまる，その地域の住民や企業から徴収する税を，何といいますか。（　　）

A	B	C	地方債	その他
42.2%	19.5	13.7	13.9	10.7

(2) B・Cは，国からの補助金があてはまります。次の文を参考にして，B・Cにあてはまる語句を書きなさい。

B 地方公共団体の財源不足を補う。（　　）

C 特定の仕事について，使いみちを指定してあたえられる。（　　）

(3) Aは「自主財源」です。B・Cおよび地方債は何といいますか。（　　）

記述 (4) 2000年代に市町村合併が進んだのはなぜですか。次の語句を使って簡単に書きなさい。

〔規模　行財政の能力〕

（　　）

4 右の表を見て，次の問いに答えなさい。

(6)5点，他3点×8〔29点〕

内容	必要な署名	請求先
（ a ）の制定・改廃	有権者の50分の1以上	首長
（ b ）		監査委員
議会の（ c ）	原則，有権者の（ e ）以上	（ f ）
首長・議員の（ d ）		

(1) 右の表が示している，住民がもつ権利を何といいますか。（　　）

(2) 表中のa～dにあてはまる語句を書きなさい。

a（　　）b（　　）

c（　　）d（　　）

(3) 表中のeにあてはまるものを，□から選びなさい。（　　）

> 3分の1　　5分の1　　30分の1　　50分の1

(4) (3)のようになっている理由として正しいものを，次から選びなさい。（　　）

ア 住民がよく行う請求なので，請求をしにくくしている。

イ 住民があまり行わない請求なので，請求をしやすくしている。

ウ 人の地位や職に関わる請求なので，請求をしやすくしている。

エ 人の地位や職に関わる請求なので，きびしい条件をつけている。

(5) 表中のfにあてはまる請求先を，□から選びなさい。（　　）

> 選挙管理委員会　　教育委員会　　議会　　NPO

(6) 地方公共団体で住民投票が行われる目的を，簡単に書きなさい。

（　　）

ちょっとひといき 直前に，語句を漢字で書けるかチェックをしておこう！

教科書
p.124～p.135

第3編 私たちの生活と経済

1 経済のしくみと消費生活

テストに出る! ココが要点 解答 p.10

1 経済のしくみ 教 p.124～p.125

▶ (❶　　　　)…限りない欲求に対し，消費できる資源に限りがあること→何に使うか**選択**し，有効に活用。

▶ (❷　　　　)…生産・流通・消費のしくみ全体。

2 経済活動の意義 教 p.126～p.127

▶ さまざまな仕事の(❸　　　　)と，生産したものの**交換**で豊かな生活をおくる。

3 私たちの消費生活 教 p.128～p.129

▶ 財とサービスを(❹　　　　)しながらくらす。

- **財**…食品や衣服など，形があり，目に見えるもの。
- (❺　　　　)…目に見えない，旅行や外食など。

▶ (❻　　　　)の収入と支出。

- 収入…**所得**という。
- 支出
  - ◇**税金**，社会保険料。
  - ◇可処分所得…所得から，税金，社会保険料を引いた所得。
    - ・(❼　　　　)…食料費，交通・通信費など。
    - ・**貯蓄**…現金，銀行預金，株式など。将来の支出に備える。

▶ 代金の支払いに(❽　　　　)を使用。

- 現金…紙幣や硬貨。
- クレジットカード…一時的にカード会社が代わりに支払い，あとでカード会社に支払う。
- **電子マネー**…お金の情報をデジタル化したもの。

4 消費者の権利と自立を支える政府のはたらき 教 p.130～p.131

▶ **契約**…互いに納得して商品と代金を交換する約束をかわす。

▶ **消費者主権**が経済の原則→実際には，生産者と消費者の情報格差により，詐欺や偽装などの被害→政府による消費者保護。

- (❾　　　　)…消費者主権を守る。
- **消費者契約法**…悪質商法を規制。
- (❿　　　　)(**ＰＬ法**)…欠陥品から消費者を守る。
- 消費者庁…消費者行政を担う。

❶**希少性**
お金，時間，土地，情報などの資源に限りがあること。

❷**経済**
経済活動は家計・企業・政府が行う。

❸**分業**
それぞれの人が得意な職について生産すること。

❹**消費**
多くのものを使いながらくらすこと。

❺**サービス**
財以外の，外食，スポーツやコンサート，旅行など。

❻**家計**
家族や個人が消費生活を営む単位。

❼**消費支出**
日常生活で実際に消費に使う支出。

❽**貨幣**
商品の交換に使用。

❾**消費者基本法**
消費者の権利を尊重し，自立を支援するための法律。

❿**製造物責任法**
欠陥品による損害賠償の責任を生産者に負わせる。ＰＬ法。

ココが要点の答えになります。

5 ものの流れと情報の流れ

教 p.132〜p.133

▶ 小売と卸売，流通のしくみ

- (⓫　　　　　　)…消費者に商品を直接売る業種。
- **卸売業**…小売業に商品を売る商店や企業の業種。
- (⓬　　　　　　)…商品が消費者に届くまでの流れ。

▼野菜の流通経路

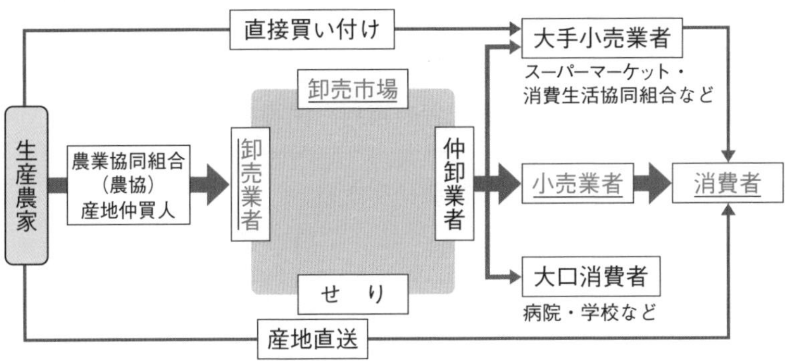

- (⓭　　　　　　)…流通に関わる業種。
- 流通の費用などのむだをなくすように**流通の合理化**が進む。

▶ 個人の好みに合った商品の提供や，商品の改善・開発に(⓮　　　　　　)を活用。

6 市場のしくみと価格の決まり方

教 p.134〜p.135

▶ 希少なものに(⓯　　　　　　)をつけ，それだけのお金を支払っても買いたい，そのお金で売りたいと思う人がつくる。

▶ 価格…(⓰　　　　　　)量(消費者が買おうとする量)と，(⓱　　　　　　)量(生産者が売ろうとする量)で決まる。

- (⓲　　　　　　)…市場で決まる価格。
- (⓳　　　　　　)…需要量と供給量がつり合う価格。

▶ (⓴　　　　　　)…市場で財やサービスが自由に取り引きされ，価格が決まる経済のしくみ。

- 価格の上下によって，生産者が供給量，消費者が需要量を調整。
→資源をむだなく効率的に使用。

▼需要曲線と供給曲線

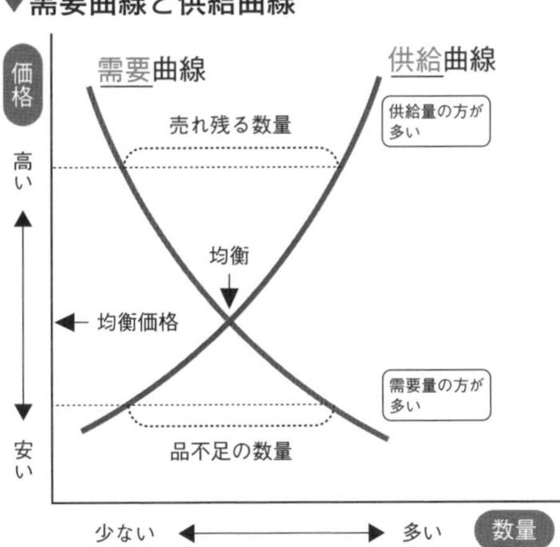

満点★ミッション

⓫小売業
スーパーマーケットなどの小売店，通信販売など。

⓬流通
商品が製造会社，卸売業者，小売業者をへて消費者に届くまでの流れ。

⓭商業
卸売業や小売業。

⓮ビッグデータ
個人の買い物の記録など，蓄積された大量のデジタル情報。

⓯価格
財やサービスにつけられ，市場で決まる。

⓰需要量
価格が安いと買いたい量が多い。

⓱供給量
価格が高いと売りたい量が多い。

⓲市場価格
市場の需要量と供給量で決まる。

⓳均衡価格
需要量と供給量がつり合った状態のときの市場価格。

⓴市場経済
ほとんどの国で経済の基本的なしくみになっている。

テストに出る！
予想問題　1　経済のしくみと消費生活

30分　/100点

1 次の文を読んで，あとの問いに答えなさい。　(4)6点，他4点×6〔30点〕

私たちが消費するもののうち，目に見える形のあるものを（ A ），形のないものを（ B ）という。また，（ A ）や（ B ）の生産・流通・消費のしくみ全体を（ C ）という。（ C ）の流れのなかで私たちは，十分な知識をもって a 商品を購入し，自立した消費者になることが大切であり，政府も b 消費者の権利を保護するように努めている。

(1) A～Cにあてはまる語句を，□からそれぞれ選びなさい。

A（　　）　B（　　）　C（　　）

利益　商品　財　サービス　経済

(2) 下線部aのときに使用できるクレジットカードについて，あてはまるものを2つ選びなさい。

ア　料金を前払いする。　イ　料金を後払いする。　（　）（　）

ウ　利用額は減少している。　エ　インターネットでの買い物にも使える。

よく出る (3) 下線部bのため，消費者に関する行政を担当している行政機関を書きなさい。

（　　）

記述 (4) 製造物責任法はどのような制度ですか。簡単に書きなさい。

（　　）

2 次の文を読んで，あとの問いに答えなさい。　5点×5〔25点〕

日本の家計の所得のうちで一番大きな割合を占めているのは，（ A ）である。家計の所得から（ B ）と社会保険料，a 消費支出を引いた残りが b 貯蓄となる。

(1) A・Bにあてはまる語句を書きなさい。

A（　　）　B（　　）

よく出る (2) 下線部aにあてはまらないものを，次から選びなさい。　（　）

ア　食料費　イ　電話料金　ウ　生命保険料　エ　水道料金

(3) 下線部bにあてはまらないものを，次から選びなさい。　（　）

ア　銀行預金　イ　現金　ウ　株式　エ　介護保険

(4) 代金を支払うときに使用できる，お金の情報をデジタル化したものを何といいますか。

（　　）

ちょっとひといき　「正しいものを選ぶ」か「あやまっているものを選ぶ」か，しっかり見よう！

3 次の文と野菜の流通経路を示した図を見て，あとの問いに答えなさい。 4点×5〔20点〕

生産された商品が人手をへて消費者に届くまでの流れを，流通という。商品の流通を専門的に行っている，（ A ）業と（ B ）業をあわせて商業という。

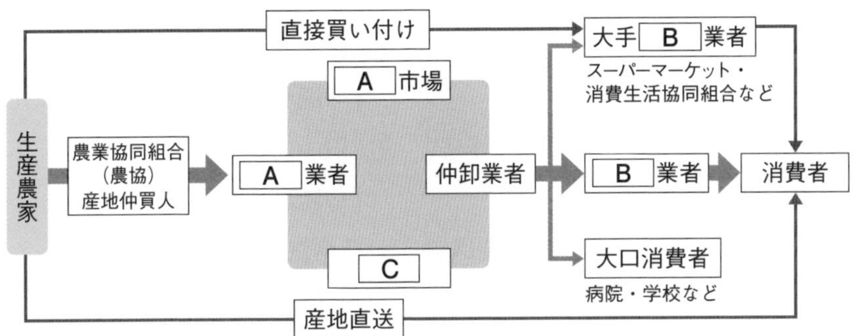

(1) 文中と図中のA・Bに共通してあてはまる語句を，それぞれ漢字２字で書きなさい。

A（　　　　　　）　B（　　　　　　）

(2) 図中のCは，いちばん高い価格を付けた買い手に商品を売るしくみです。何といいますか。（　　　　　　）

(3) 図中の産地直送は，近年流通量が増えている経路です。増えている理由を，次から２つ選びなさい。（　　）（　　）

ア　流通費用が節約できるから。　イ　農家が増え，野菜があまっているから。

ウ　生産費用が節約できるから。　エ　消費者に届くまでの時間が短縮できるから。

4 右の図を見て，次の問いに答えなさい。 5点×5〔25点〕

よく出る (1) 図中のA・Bの曲線は何を示していますか。次の文を参考にそれぞれ書きなさい。

A（　　　　　　）曲線

B（　　　　　　）曲線

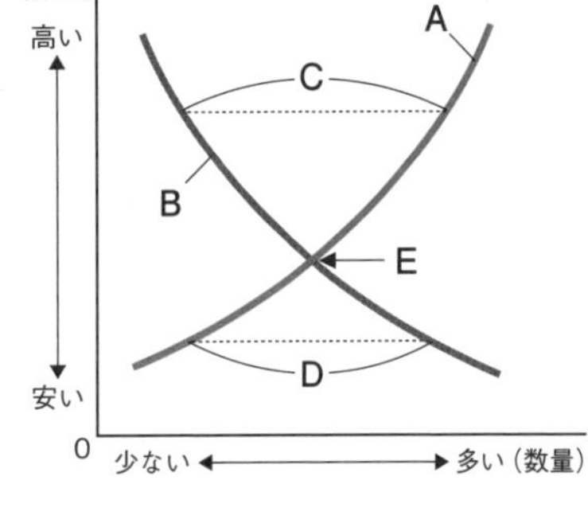

消費者は，価格が高ければ買うのをひかえ，安ければたくさん買おうとする。また，生産者も価格によって売ろうとする量を決める。

(2) 商品が売れ残る量を示しているのは，図中のC・Dのどちらですか。（　　）

(3) 図中のEの状態のときの価格をとくに何といいますか。（　　　　　　）

記述 (4) 生産地が台風などの被害にあうことで，野菜の価格が上がる理由を，簡単に書きなさい。

（　　　　　　　　　　　　　　　　　　　）

ちょっとひといき　自分の好きな商品で，需要量・供給量・価格の関係を考えてみよう！

2 生産の場としての企業①

テストに出る! ココが要点

解答 p.10

1 生産活動とそのしくみ

教 p.136〜p.137

▶ 企業…私たちが消費している**財**や**サービス**を生産している。

- (❶　　　　　　)…利潤(利益)を得ることを目的に設立。
- (❷　　　　　　)…国や地方公共団体が公共の目的で設立。

▶ **生産要素**…自然・資本財・労働力。

- (❸　　　　　　)…特許や熟練した技術など。

▶ 生産活動を改善する技術進歩のなかでも影響の大きな発明を(❹　　　　　　)(イノベーション)という。

- **人工知能**(AI)の活用や**ビッグデータ**の処理などが期待される。

2 株式会社のしくみと企業の社会的責任

教 p.138〜p.139

▼株式会社のしくみ

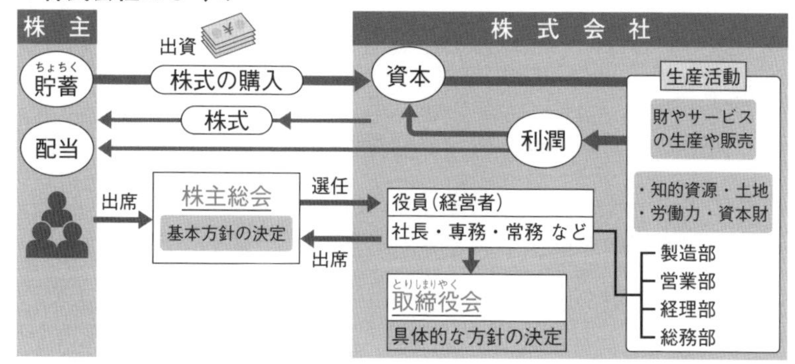

▶ 株式会社…大量の(❺　　　　　　)を集めやすくしている。

- 少額の(❻　　　　　　)を多数発行し，多くの出資者((❼　　　　　　))に買ってもらい，多くの資本を集める。
- 株主…持ち株数に応じて**株主総会**での議決権をもつ。
  ◇会社の**利潤**の分配((❽　　　　　　))を受ける。

▶ 株式は証券取引所などで売買。需要と供給による価格変動。

▶ 企業の(❾　　　　　　)(CSR)…消費者の保護や，環境問題への取り組み，障がいのある人の雇用なども求められる。

3 企業の競争と独占の問題

教 p.140〜p.141

▶ (❿　　　　　　)…私企業が生産の中心になった経済。生産活動全体は市場によって調整される。

- 市場での競争がはげしくなる。→企業は商品を安く売るため，生産費の引き下げ，技術革新をする。→消費者の利益になる。

❶**私企業**
自由に設立できる。商店，株式会社など。

❷**公企業**
国や地方公共団体が資金を出して経営。

❸**知的資源**
製法の特許や労働者の技術など。生産活動を効率的に行うために必要。

❹**技術革新**
高度な専門知識を必要とする。

❺**資本**
元手になる資金。

❻**株式**
株主としての権利をあらわすもの。株券。

❼**株主**
株式を購入した人。

❽**配当**
株主に分配される会社の利潤の一部。

❾**企業の社会的責任**
CSR。

❿**資本主義経済**
企業が生産活動の中心となる経済。

ココが要点の答えになります。

- (⓫　　　　　　)…新しい企業をつくること。
  ◇ベンチャー企業…これまでにない商品やサービスで事業展開。

▶ 生産の集中と独占

- 寡占…生産や販売が少数の企業に集中する。
- (⓬　　　　　　)…生産が一つの企業に集中する。
  →寡占や独占の状態では，企業が協定を結んで価格を引き上げたり(**価格カルテル**)，単独で不当に高い(⓭　　　　　　)を設定したりし，消費者に不利益となる。
- 企業の公正な競争を維持するため，(⓮　　　　　　)を制定。これに基づいて(⓯　　　　　　)が資本主義の発展と消費者の利益を守る。

▶ (⓰　　　　　　)…国や地方公共団体が決める価格。電気料金，都市ガス料金，水道料金，タクシー運賃など。

4 グローバル化する経済と現代の企業

教 p.142～p.143

▶ 輸入や輸出など，貿易が活発になり，競争がはげしくなる。

- 多国籍企業…世界中の企業が国境をこえて活動。

▶ (⓱　　　　　　)…複数の国のあいだで関税やその他の障害をとり除いて貿易すること。自由貿易を進めるための**自由貿易協定**(FTA)や，幅広い経済関係の強化を目的とする**経済連携協定**(EPA)が世界中で結ばれている。

- 2018年，**環太平洋パートナーシップに関する包括的及び先進的な協定**(TPP11協定)を締結。
- **世界貿易機関**(WTO)…各国の利害対立を調整しながら自由な国際貿易を守る機関。

5 企業活動と景気の変動

教 p.144～p.145

▶ 経済活動の調子(⓲　　　　　　)は，よいとき(好景気)と悪いとき(不景気)がある。

- (⓳　　　　　　)…消費や生産が増え，賃金や雇用も増える。物価が上がる。
- (⓴　　　　　　)…消費や生産が減り，倒産や失業が起きる。物価が下がる。

▼景気変動のしくみ

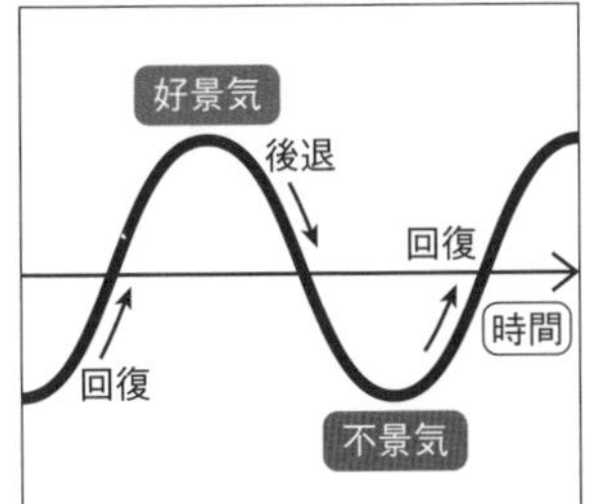

▶ (㉑　　　　　　)…物価が上がり続けること。
(㉒　　　　　　)…物価が下がり続けること。

満点ミッション

⓫起業
企業をつくり新しい財やサービスを提供。
⓬独占
生産が一つの企業に集中する状態。
⓭独占価格
独占状態にある企業が決める高い価格。
⓮独占禁止法
独占や不公正な取引を制限する法律。
⓯公正取引委員会
独占禁止法を運用。
⓰公共料金
住民に公平に安定的に供給するため国や地方公共団体が決定。
⓱自由貿易
反対に関税をかけ自国の産業を保護するのが保護貿易。
⓲景気
経済活動全般の状況。
⓳好景気
経済が活発な時期。
⓴不景気
経済が沈滞する時期。
㉑インフレーション
インフレ。
㉒デフレーション
デフレ。

解答 p.11

テストに出る！

予想問題　2　生産の場としての企業①

30分

/100点

1 次の文を読んで，あとの問いに答えなさい。　4点×5〔20点〕

財(ざい)やサービスをつくり出すことを(　　)といい，その活動には四つの要素が必要である。たとえば，ケーキ屋の場合，a 店を建てる土地，b 小麦粉や砂糖などの原材料と，それらを加工してケーキをつくるための設備，c ケーキをつくったり売ったりする人間の働きが必要である。さらに，d ケーキの製法や職人の熟練(じゅくれん)・技能も不可欠である。

(1) 文中の(　　)にあてはまる語句を，漢字２字で書きなさい。　(　　　　)

(2) 下線部a～dにあてはまる要素を，□からそれぞれ選びなさい。

a (　　　　) b (　　　　)
c (　　　　) d (　　　　)

資本財(しほん)　知的資源(ちてきしげん)　労働力(ろうどうりょく)　自然(しぜん)

2 次の問いに答えなさい。　3点×8〔24点〕

(1) 次の①・②の企業(きぎょう)の種類を，それぞれ書きなさい。

① 公的な目的を果たす企業　(　　　　)

② 利潤(りじゅん)を得ることを目的とする私企業のうち，商店や農家など　(　　　　)

(2) 右の図を見て，次の問いに答えなさい。

よく出る ① 右の図のA～Dにあてはまる語句を，□からそれぞれ選びなさい。

A (　　　　)
B (　　　　)
C (　　　　)
D (　　　　)

株主総会(かぶぬしそうかい)　株主　資本　取締役会(とりしまりやく)

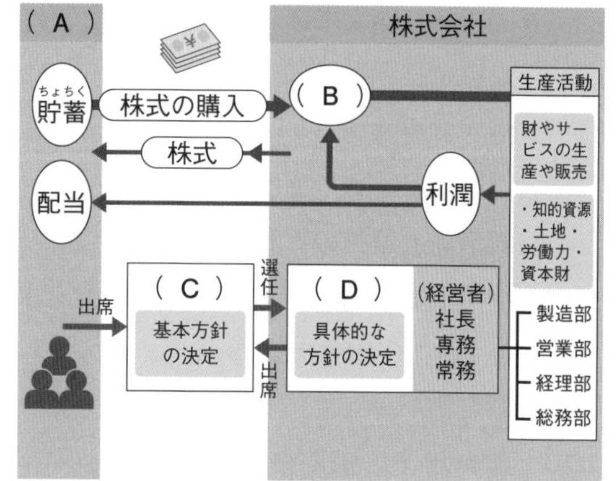

② 株式会社が利潤の一部を株主に分配するものを何といいますか。(　　　　)

③ 株式会社について正しく述べている文を，次から選びなさい。　(　　)

ア 株式の売買は日本銀行で行われる。

イ 会社が倒産(とうさん)した場合，株主は出資額を失うが，それ以上の責任は負わなくてよい。

ウ 株主は株主総会を構成し，１人１票の議決権をもつ。

ちょっとひといき　教科書やノートを音読するのも効果的！

3 次の文を読んで，あとの問いに答えなさい。　　4点×7〔28点〕

> a 少数の売り手が生産や販売市場を支配すると，b 市場を独占している売り手が，できるだけ利潤が多くなるように一方的に価格を決める場合がある。そこで，c 国民生活にあたえる影響が大きいサービスの価格は，国や地方公共団体が決定・認可している。

(1) 下線部aについて，次の問いに答えなさい。

① この状態を何といいますか。（　　　　）

② この状態にある企業が結ぶ，価格引き上げなどの協定を何といいますか。（　　　　）

(2) 下線部bについて，次の問いに答えなさい。

① 下線部bのように決められた価格を何といいますか。（　　　　）

よく出る ② 下線部bを防ぐため，制定された法律と，その法律を運用する組織をそれぞれ何といいますか。　法律（　　　　）　組織（　　　　）

(3) 下線部cについて，次の問いに答えなさい。

よく出る ① この価格を何といいますか。（　　　　）

② ①にあてはまらないものを，□から選びなさい。（　　　　）

介護報酬　　タクシーの運賃　　私立学校の授業料　　郵便料金

4 次の問いに答えなさい。　　4点×7〔28点〕

(1) 次の①～③にあてはまる語句を□から選びなさい。

① 自由な国際貿易を守る国際機関（　　　　）

② 幅広い経済関係の強化を目的とした協定（　　　　）

③ 2018年に締結された，貿易の自由化をはかるための協定（　　　　）

FTA　　EPA　　TPP　　WTO　　TPP11 協定

記述 (2) 貿易が活発になることには，どのようなメリットとデメリットがありますか。「競争」という語句を使って簡単に書きなさい。

（　　　　　　　　　　　　　　　　）

(3) 右の図は，景気変動のしくみを示しています。Aにあてはまる語句を書きなさい。（　　　　）

A
後退
回復
時間
回復
不景気

(4) 物価が下がり続けることを何といいますか。（　　　　）

(5) 景気変動に影響をおよぼす，世界との経済的な結びつきが強まっていることを，何といいますか。　経済の（　　　　）

2 生産の場としての企業②

満点ミッション

❶労働基準法
労働条件の最低基準を定めた法律。

❷労働組合
労働者が労働条件の改善などをめざしてつくる組織。

❸終身雇用
労働者を定年まで雇う制度。

❹年功序列賃金
勤続年数に応じて賃金が上がる制度。

❺成果主義
能力や成果により賃金を決める制度。

❻外国人労働者
労働力人口不足のため受け入れを拡大。

❼非正規雇用
パートタイム，アルバイト，契約社員，派遣社員など。雇用が不安定。

❽セクシュアルハラスメント
男性または女性であることを理由とするいやがらせ。

❾ワーク・ライフ・バランス
仕事と生活の両立。

❿セーフティネット
失業した人の生活の保障や職場の紹介，新たな産業の育成など。

ココが要点の答えになります。

テストに出る！ ココが要点 解答 p.11

1 働く意味と労働者を支えるしくみ 教 p.146〜p.147

▶ 働く意味…収入を得る，社会参加，能力を生かす，など。

▶ 労働者は企業と対等な関係で**労働契約**を結ぶ。賃金や労働条件に対しても弱い立場にある。

- (❶　　　　　　)…勤労の権利を守るために，労働条件・賃金・労働時間・休日・最低年齢などの基準を定めた法律。
- (❷　　　　　　)…労働者が経営者と対等な立場で労働条件の改善などを交渉する組織。

2 変化する雇用のかたち 教 p.148〜p.149

▶ 雇用の変化

- 長期雇用や，定年まで雇用する(❸　　　　　　)。
→転職や中途採用の増加(**雇用の流動化**)。
- 年齢とともに賃金が上がる(❹　　　　　　)**賃金**。
→労働者の能力や成果を賃金に反映させる(❺　　　　　　)の導入。
- 世界から(❻　　　　　　)**労働者**の受け入れ。

▶ 非正規雇用の増加

- (❼　　　　　　)…パートタイム，アルバイト，派遣社員，**契約社員**などの雇用形態。正社員より賃金が低い。

3 女性の働く環境と高齢者雇用 教 p.150〜p.151

▶ 女性の働き方

- 女性の雇用の増加…女性が活躍しやすい職種の増加，共働きの増加，結婚や育児による離職の減少などによる。
- 男性との仕事内容や賃金のちがいをなくすことや，**セクシュアル**(❽　　　　　　)のない職場づくりが求められる。
- (❾　　　　　　)…仕事と生活の調和。育児・介護休業法の改正などの取り組みが進む。

▶ **高齢者雇用**の増加…定年後，長年つちかった知識や技能を生かしたり，後輩に伝えたりする。

▶ (❿　　　　　　)(安全網)…失業した人たちなどの生活を守る社会のしくみ。

テストに出る！

予想問題 2 生産の場としての企業②

30分 /100点

1 次の問いに答えなさい。 9点×2〔18点〕

(1) 労働基準法の内容にあてはまらないものを，次から選びなさい。 (　　)

ア 労働時間は，1日8時間，1週間で40時間以内とする。

イ 毎週最低1回の休日をあたえる。

ウ 20歳未満の未成年者を働かせてはいけない。

(2) 経営者と対等な立場で労働条件の改善などを交渉するため，労働者が団結してつくる組織を何といいますか。漢字4字で書きなさい。 (　　)

2 次の文を読んで，あとの問いに答えなさい。 (3)②10点，他9点×8〔82点〕

> これまでの日本の多くの企業は，a 定年までの雇用を保障し，b 年齢とともに賃金が上がる制度を採用してきた。しかし近年，c 雇用のあり方は大きく変化している。

よく出る (1) 下線部a・bの制度をそれぞれ何といいますか。

a (　　) b (　　)

(2) 下線部bに対し，労働者の能力や成果を賃金に反映させるシステムを何といいますか。

(　　)

(3) 下線部cについて，次の問いに答えなさい。

① 次のX・Yにあてはまるものを，□から選びなさい。

X (　　) Y (　　)

X 雇用契約を結んだ派遣元の指示で派遣先の企業へ行き，派遣先の命令に従う労働者。

Y 1週間の労働時間が35時間未満の労働者。

正社員	パートタイム労働者
フリーター	派遣社員

記述 ② 非正規雇用は，正規雇用に比べてどんな問題がありますか。次の語句を使って，簡単に書きなさい。〔将来 不安〕

(　　)

③ 近年起こっている，転職者の増加などの雇用の変化を何といいますか。

(　　)

(4) 次の①・②にあてはまる語句をそれぞれ書きなさい。

① 女性であることや男性であることを理由とするいやがらせ (　　)

② 仕事と生活の調和 (　　)

ちょっとひといき テスト当日，朝ご飯を食べすぎないように気をつけよう！

3　金融のしくみとお金の大切さ

❶金融
家計や企業のあいだのお金の貸し借り。

❷利子
元金に対してある一定の率で支払われる。

❸金融機関
銀行など，金融をなかだちする企業。

❹間接金融
金融機関をなかだちとして資金を調達する。

❺発券銀行
紙幣を発行する銀行。

❻政府の銀行
政府の資金の出し入れを行う銀行。

❼金融政策
市場の通貨量を調節して景気の安定をはかること。

❽外国為替相場
通貨の需要と供給によって決まる。

❾円高
外国通貨に対して円の価値が上がる。

❿円安
外国通貨に対して円の価値が下がる。

解答 p.12

1 金融のしくみ
教 p.154〜p.155

▶ 預金…銀行に預けたお金。振り込みという方法で支払いに利用されている。

▶ (❶　　　　　)…お金に余裕のあるところと不足するところのあいだでのお金を貸し借り。

● (❷　　　　　)…お金を借りた場合，借りた金額(元金)につけて返す。

▼金融の役割

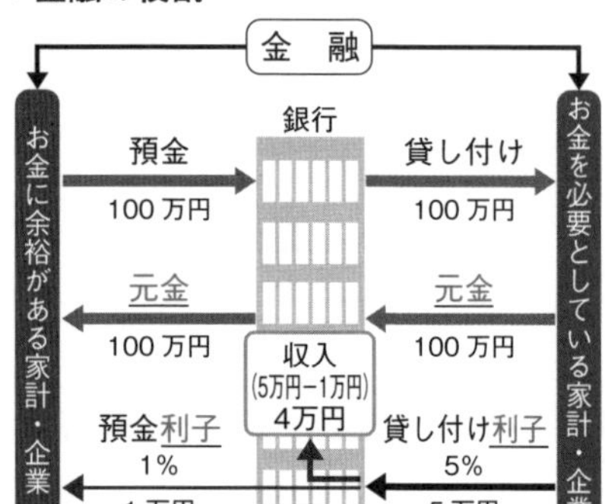

● (❸　　　　　)…お金の貸し手や借り手のあいだで金融をなかだちする企業。主な金融機関は銀行。

◇ (❹　　　　　)…金融機関をなかだちにお金を調達。

◇ 直接金融…株式や債券などを発行して直接お金を調達する。

2 日本銀行と金融政策
教 p.156〜p.157

▶ 日本銀行…日本の中央銀行。

◇ (❺　　　　　)銀行…紙幣(日本銀行券)を発行。

◇ 銀行の銀行…銀行に資金に貸し出したり，預金を預かったりする。

◇ (❻　　　　　)の銀行…政府資金の取り扱い。

▶ (❼　　　　　)…日本銀行が行う政策。通貨の量を調節し，日本の景気や物価の安定をはかる。

3 金融のグローバル化と為替相場
教 p.158〜p.159

▶ (❽　　　　　)相場(為替レート)…通貨と通貨の交換比率。

● (❾　　　　　)…外国通貨に対して円の価値が上がること。輸出産業に不利，輸入産業に有利。→外国への工場移転が進み，国内の製造業の空洞化(産業の空洞化)をまねく。

● (❿　　　　　)…外国通貨に対して円の価値が下がること。輸出産業に有利，輸入産業に不利。

ココが要点の答えになります。

テストに出る！
予想問題 3 金融のしくみとお金の大切さ

30分 /100点

1 金融機関について，次の問いに答えなさい。 8点×8〔64点〕

(1) 次の文を読んであとの問いに答えなさい。

> 金融機関の主な業務は，お金に余裕がある家計や企業からの（ A ）と，お金を必要としている家計や企業への（ B ）で，それらの利子の差額を収入としている。

① A・Bにあてはまる語句を書きなさい。

A（　　　　） B（　　　　）

② Aにかかる利子とBにかかる利子のうち，利子率が高いのはどちらですか。（　　）

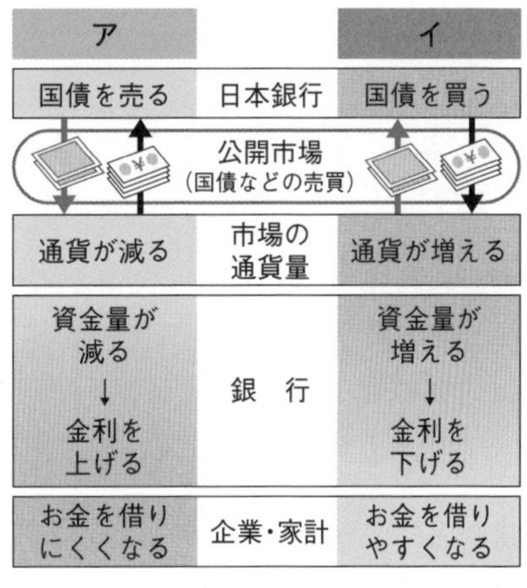

(2) 日本銀行のように，経済全体に流通する通貨の総額を管理する責任を負っている銀行を何といいますか。（　　　　）

よく出る (3) 日本銀行は，次の①〜③のはたらきにより何とよばれていますか。それぞれ書きなさい。

① 日本銀行券とよばれる紙幣を発行する。（　　　　）

② 政府の資金の出し入れを行う。（　　　　）

③ 銀行への資金の貸し出し，預金の受け入れを行う。（　　　　）

よく出る (4) 右上の図は，日本銀行の金融政策を示しています。不景気のとき，日本銀行が行う政策は，図中のア・イのどちらですか。（　　）

2 次の図を見て，あとの問いに答えなさい。 6点×6〔36点〕

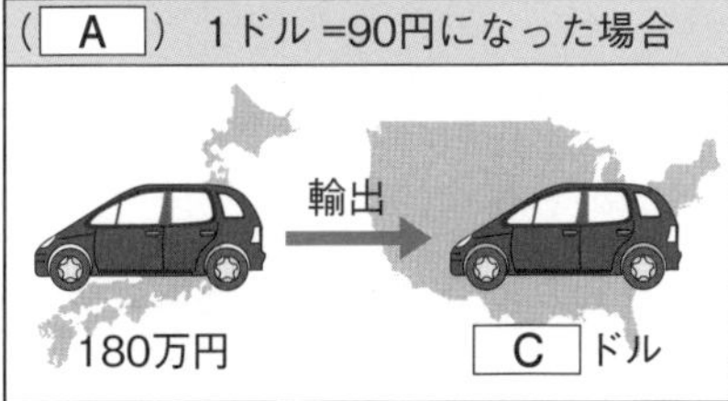

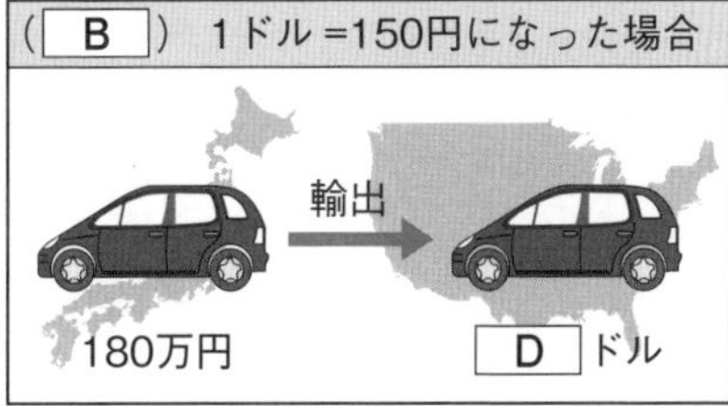

よく出る (1) 通貨と通貨の交換比率を何といいますか。（　　　　）

(2) A〜Dにあてはまる語句や数字を，□からそれぞれ選びなさい。

A（　　　　） B（　　　　）
C（　　　　） D（　　　　）

円安	円高	12000	20000

(3) 輸出に有利なのは，A・Bのどちらですか。（　　）

ちょっとひといき 輸入に有利，輸出に不利は円高！ 輸入に不利，輸出に有利は円安！

4 財政と国民の福祉

❶財政
政府が行う経済活動。家計や企業に社会資本や公共・サービスなどを提供。

❷社会資本
道路・港湾などの公共的な施設。

❸公共サービス
警察，消防，教育などのサービス。

❹財政政策
政府が行う景気の安定化政策。景気変動による失業やインフレなどを防ぐ。

❺歳入
国や地方公共団体の1年間の収入。

❻歳出
国や地方公共団体の1年間の支出。

❼直接税
税を負担する人が直接納める税金。

❽間接税
税を負担する人と納める人が異なる税金。

❾累進課税
課税対象額が多いほど税率が高くなる課税方法。

❿国債
国の借金。

テストに出る！ ココが要点 解答 p.13

1 財政のはたらき 教 p.160～p.161

▶ (❶　　　　　　)…政府が行う経済活動。3つの役割。

- **資源配分の調整**…道路や下水道などの(❷　　　　　　)を建設し，警察，消防，教育などの(❸　　　　　　)を提供。
- **所得の再分配**…所得の多い人と少ない人の格差を是正する。
→社会的に弱い立場の人の生活を守る社会保障サービスを提供。
- **経済の安定化**…(❹　　　　　　)を行う。

▼政府の財政政策　□景気がよいとき　□景気が悪いとき

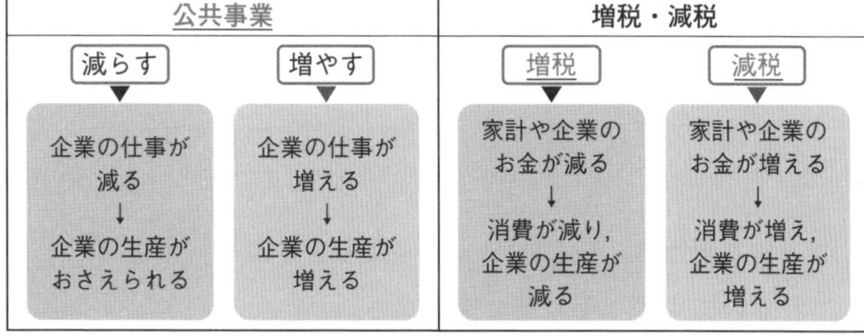

▶ 国の財政…税金や国債などの(❺　　　　　　)(収入)と，社会保障関係費や国債費などの(❻　　　　　　)(支出)。
→国の財政は，国会を通じ国民の監視のもとにおかれている。

2 国の収入を支える税と国債 教 p.162～p.163

▶ 税金の種類

- (❼　　　　　　)…税を負担する人が**直接納める**税金。個人の所得にかかる所得税など。
- (❽　　　　　　)…税を負担する人と税を納める人が**異なる**税金。商品やサービスの売り上げにかかる消費税など。

- 国税…**国**に納める税金。
- 地方税…**地方公共団体**に納める税金。

▶ 公正な税負担

- (❾　　　　　　)制度…所得が多い人ほど高い税率を適用。

→**消費税**は所得の少ない人にも同じ税率がかかる逆進性がある。

▶ 国債の発行

- (❿　　　　　　)…税収だけで必要な財政支出をまかなうことができないとき，銀行など民間から資金を借り入れる。

ココが要点の答えになります。

教科書 p.160～p.171

3 社会保障のしくみ

教 p.164～p.165

▶ (⑪　　　　　　　　)…事故や病気で生活が困難になったときに支え合うしくみ。日本国憲法第25条「生存権」の保障を実現。

- (⑫　　　　　　　　)…たくわえられた**保険料**などから，病気や失業，介護が必要になった際に，保険金を給付。
- (⑬　　　　　　　　)…生活に困っている人に生活費や教育費を支給する。生活保護が中心。
- (⑭　　　　　　　　)…働くことが困難な児童・高齢者・障がいのある人などの**社会的弱者**の生活を支援しその福祉を進める。
- (⑮　　　　　　　　)…感染症の予防，廃棄物処理など。

▶ 税金・保険料が高い代わりに社会保障が充実した大きな政府。
⇔税金・保険料が安い代わりに社会保障が手薄な小さな政府。

4 少子高齢社会における福祉の充実と財源

教 p.166～p.167

▶ (⑯　　　　　　　　)**社会**…高齢者が増加，現役世代が減少。

- 社会保障制度を維持するために**現役世代の負担**が大きくなる。
  →社会保障のための支出が増えて財政を圧迫，国債の発行に。
- (⑰　　　　　　　　)…20歳以上のすべての人が加入する**国民年金**と，会社員などが加入する厚生年金など。
- 持続可能**な社会保障制度**をめざすことが重要。

5 環境保全の担い手としての政府

教 p.170～p.171

▶ (⑱　　　　　　　　)…1950年代から60年代に多く発生。

- 四大公害病(下の表)…政府は公害対策基本法を制定。

	新潟水俣病	四日市ぜんそく	イタイイタイ病	水俣病
被害地域	新潟県阿賀野川下流域	三重県四日市市	富山県神通川下流域	熊本県・鹿児島県八代海沿岸域
主な原因	メチル水銀化合物	亜硫酸ガス	カドミウム	メチル水銀化合物

※四日市ぜんそくのみが大気汚染が原因(他は水質汚染)。
訴訟はすべて患者側が全面勝訴。

▶ 地球環境問題の広がり…影響が広い範囲におよぶ→政府は(⑲　　　　　　　　)を制定。

- (⑳　　　　　　　　)**な社会**をきずく…ごみの分別回収，リサイクル，ごみ収集の有料化への協力など，身近な努力が大切。
- 環境問題は国境をこえて広がる→多国籍に展開する企業の協力も必要。

満点ミッション

⑪**社会保障**
生存権の保障を目的とする制度。

⑫**社会保険**
医療保険・年金保険・介護保険など。

⑬**公的扶助**
生活保護を中心とする制度。

⑭**社会福祉**
社会的に弱い立場にある人の自立を支援する制度。

⑮**公衆衛生**
感染症対策など。

⑯**少子高齢社会**
高齢者が増え，子どもの数が減少すること。

⑰**公的年金制度**
現役世代が支払う保険料で高齢者の生活を支えるしくみ。

⑱**公害**
人々の健康や生活環境を悪化させること。

⑲**環境基本法**
地球環境問題に対応するための法律。

⑳**持続可能な社会**
現在の世代だけではなく将来の世代の幸福をみたす社会。

解答 p.13

テストに出る！

予想問題　4　財政と国民の福祉

30分　/100点

1 家計・企業・政府の関係を示した右の図を見て，次の問いに答えなさい。　4点×5〔20点〕

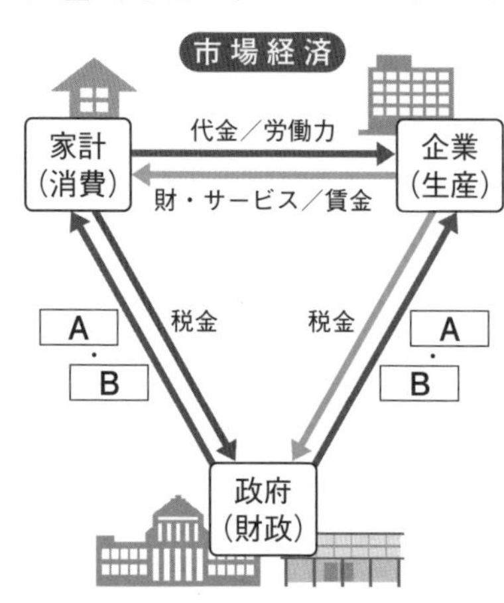

よく出る (1)　Aには道路や上下水道など，Bには警察(けいさつ)や消防などの仕事があてはまります。それぞれ何といいますか。

A（　　　　　）　B（　　　　　）

(2)　次の①〜③にあてはまるものを，□からそれぞれ選びなさい。

①（　　　　　）　②（　　　　　）　③（　　　　　）

①　個人や企業(きぎょう)にまかせることができない事業を行う。
②　所得の多い人と少ない人の経済(けいざい)格差を是正する。
③　景気変動による失業やインフレーションなどを防ぐ。

経済の安定化　所得の再分配　公開市場(しじょう)操作　資源(しげん)配分の調整

2 国の歳入と歳出を表したグラフを見て，次の問いに答えなさい。　(3)8点，他4点×6〔32点〕

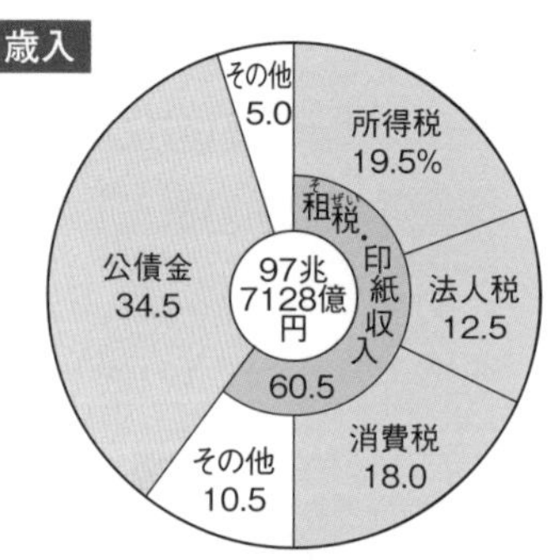

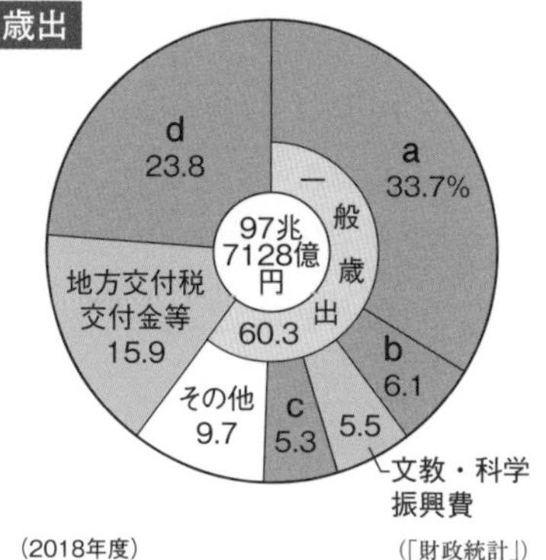

(2018年度)　(「財政統計」)

(1)　次の説明にあてはまる税金を，歳入(さいにゅう)のグラフ中の□で示した3つからそれぞれ選びなさい。

①　企業の所得にかかる。（　　　　　）
②　商品やサービスの売り上げにかかる。（　　　　　）
③　個人の所得にかかる。（　　　　　）

よく出る (2)　(1)の③で適用されている，対象額が多いほど税率が高くなる制度を何といいますか。（　　　　　）

記述 (3)　消費税は間接税(かんせつぜい)です。間接税とはどのような税か，次の語句を使って書きなさい。〔負担(ふたん)する　異(こと)なる〕

（　　　　　　　　　　　　　　　　　　　　　）

(4)　グラフ中のa・dにあてはまる項目を，□からそれぞれ選びなさい。

a（　　　　　）　d（　　　　　）

公共事業関係費　社会保障(しゃかいほしょう)関係費 国債(こくさい)費　防衛関係費

ちょっとひといき　資料が多くても落ち着いて，まず問題をよく読もう！

3 次の問いに答えなさい。

(5)8点，他4点×5〔28点〕

(1) 社会保障制度の根拠となる，憲法第25条で保障された権利は何ですか。（　　　　　）

(2) 右の図は，日本の社会保障のしくみを示したものです。図中のA～Dのうち，BとDにあてはまるものを□から選びなさい。

B（　　　　　）　D（　　　　　）

社会福祉　社会保険　公衆衛生　公的扶助

社会保障制度

A	B	C	D
医療保険 介護保険 雇用保険 など	生活保護 生活・住宅 教育・医療 などの扶助	児童福祉 母子福祉 高齢者福祉 障がい者福祉	感染症対策 廃棄物処理 上下水道整備 公害対策　など

(3) 高齢者になって介護が必要になったときのために，保険金を積み立てておくしくみを，図中から書きなさい。（　　　　　）

(4) 公的年金制度について，あやまっているものを次から選びなさい。（　　）

ア　厚生年金と国民年金の２つのしくみがある。

イ　20歳から60歳の現役世代が保険料を支払う。

ウ　少子高齢化の影響で，現役世代の負担は軽くなっていく。

記述 (5) 社会保障制度を持続可能なものにするために必要なことについて，「経済成長」の語句を用いて，簡単に書きなさい。

（　　　　　　　　　　　　　　　　）

4 次の文を読んで，あとの問いに答えなさい。

4点×5〔20点〕

1950年代から60年代に大気や河川の汚染などといった（ A ）問題が多く発生し，a住民による訴訟が起こるなど大きな社会問題となった。そこで，政府は（ A ）対策基本法を制定し，規制を強めた。その後，地球規模の環境問題に対応するため，（ B ）を制定し，b持続可能な社会に向けての取り組みを強化している。

(1) A・Bにあてはまる語句を書きなさい。

A（　　　　　）　B（　　　　　）

(2) 下線部aについて，次の①・②にあてはまる文中Aが原因の病気を書きなさい。

① 富山県神通川下流域で起こったカドミウムが原因の病気（　　　　　）

② 三重県で起こった亜硫酸ガスによる大気汚染が原因の病気（　　　　　）

(3) 下線部bについて，持続可能な社会をきずくことにつながる，身近な生活環境の改善や資源の保全に役立つことを，次の例を参考に１つあげなさい。（　　　　　）

(例)ごみの分別収集

ちょっとひといき　何も見ずに，人に説明ができるか試してみよう！

1　国家と国際社会①

❶**持続可能性**
将来の世代のことも考えながら現代の世代のための発展も続けること。

❷**領土**
国の主権がおよぶ範囲の土地。

❸**領海**
海岸線から12海里の水域。

❹**排他的経済水域**
沿岸国が資源を利用できる水域。

❺**民族自決の原則**
他国の支配を受けず，自国の政治を自ら決めること。

❻**内政不干渉の原則**
他国の国内政治に干渉しないこと。

❼**国際法**
条約と国際慣習法。

❽**北方領土**
歯舞群島・色丹島・国後島・択捉島。

❾**竹島**
島根県の島。韓国が不法に占拠。

❿**尖閣諸島**
沖縄県の島。中国が領有権を主張。

テストに出る！ ココが要点　解答 p.14

1 国際社会と持続可能性　教 p.178～p.179

▶ (❶　　　　　　　)…将来の世代の必要性をみたすことと現在の世代の必要性をみたすことの両立。

2 国家と国際関係　教 p.180～p.181

▶ 国家主権…ほかの国から支配されず，独立を保つ権利。

- 国歌・国旗を国のシンボルとして相互に尊重し合う。
→日本の国旗は日章旗，国歌は君が代。

▶ 国家の領域…右の図の(❷　　　　　　　)・(❸　　　　　　　)・領空までが**国家主権**がおよぶ範囲。

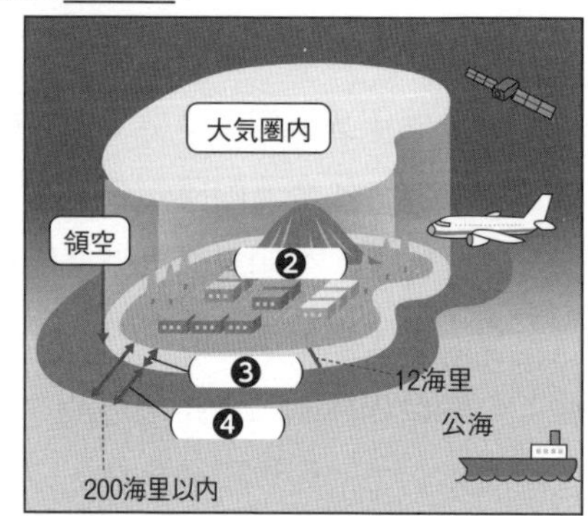

- (❹　　　　　　　)…海岸線から200海里以内。沿岸国が域内の資源を利用できる。
- 公海自由**の原則**…排他的経済水域の外側は自由に航行・漁業ができる。

▶ 世界の国々…第二次世界大戦後，(❺　　　　　　　)**の原則**が受け入れられ，多くの国が独立。現在，独立国は約190。

- (❻　　　　　　　)**の原則**…すべての国は平等な独立国で，他国により国内政治に干渉されない。
- (❼　　　　　　　)のもとで国際関係を形づくる。
- 国際協調…国際社会の話し合いで合意された価値や方針にしたがって，国際社会といっしょに行動すること。

3 日本の領土をめぐる問題　教 p.182～p.183

▶ (❽　　　　　　　)…北海道の**歯舞群島・色丹島・国後島・択捉島**。1945年にソ連が占領。ソ連解体後もロシアが不法に占拠。

▶ (❾　　　　　　　)…1905年に島根県に編入。1952年以降，韓国が不法に占拠。

▶ (❿　　　　　　　)…1895年に沖縄県に編入。1970年代から中国が領有権を主張。

ココが要点の答えになります。

テストに出る！
予想問題 1 国家と国際社会①

30分 /100点

1 次の問いに答えなさい。

8点×5〔40点〕

よく出る (1) 将来の世代の必要性をみたしながら，現在の世代の必要性もみたすことができることを何といいますか。 (　　　　)

(2) 次の①～③の原則にあてはまる語句を，□からそれぞれ選びなさい。

① すべての民族が，他国の支配を受けずに，自らの政治を自らの手で決定すべきという原則。 (　　　　)の原則

② 他国から国内政治にいっさい干渉されないという原則。 (　　　　)の原則

③ 排他的経済水域の外側の海は，だれもが自由に利用できるという原則。 (　　　　)の原則

公海自由	国際協調	内政不干渉	民族自決	推定無罪

(3) 国のシンボルとして相互に尊重し合うことが国際的な儀礼になっているものには何がありますか。1つ書きなさい。 (　　　　)

2 右の図を見て，次の問いに答えなさい。

(3)11点，他7点×7〔60点〕

よく出る (1) 図中のA～Cにあてはまる語句や数字を書きなさい。

A (　　　　)

B (　　　　)　C (　　　　)

(2) 図中の領土・A・Bには，国家がほかの国から支配を受けず，独立を保つ権利がおよびます。この権利を何といいますか。 (　　　　)

記述 (3) 日本最南端の沖ノ鳥島に護岸工事をほどこした理由を，「排他的経済水域」の語句を使って，簡単に書きなさい。

(　　　　)

(4) 次の①～③にあてはまる国をそれぞれ書きなさい。

① 北方領土を現在不法占拠している国。 (　　　　)

② 竹島を1952年以降，不法占拠している国。 (　　　　)

③ 尖閣諸島の領有権を1970年代から主張している国。 (　　　　)

ちょっとひといき テストの日の朝，友達と問題を出し合ってみよう！

第4編 私たちと国際社会

1 国家と国際社会②

❶国際連合(国連)
世界の平和と安全の維持を目的とする国際機関。

❷総会
国連の審議機関。全加盟国で構成。

❸持続可能な開発目標(SDGs)
国連の総会が採択した持続可能な開発のための国際目標。

❹安全保障理事会
国際紛争を調査し，解決方法を勧告するなどしている。

❺平和維持活動(PKO)
紛争当事者に間接的に平和的解決を促す国際連合の活動。

❻常任理事国
安全保障理事会を構成し，恒久的な地位をもつ理事国。

❼拒否権
安全保障理事会の5つの常任理事国がもつ特権。

❽専門機関
国際連合と連携関係にある国際機関。

❾国際司法裁判所
国家間の紛争を裁判で解決する機関。

テストに出る！ ココが要点 解答 p.14

1 国際連合の目的とはたらき

教 p.186～p.187

▶ (❶　　　　　)…サンフランシスコ会議で国際連合憲章を採択。1945年設立。本部はニューヨーク。約190の国が加盟。

● 日本は1956年に加盟。1960年代は新しく独立したアフリカの国々からの加盟，1990年代には解体した**旧ソ連の国々**の加盟が増加。

▶ おもな組織

● (❷　　　　　)…中心的な審議機関。1国が1票をもつ。軍縮，開発と環境，人権，平和維持など広い問題を審議。2015年には，(❸　　　　　)目標(SDGs)を採択し，その実現に力を入れている。

主要機関
- 信託統治理事会 ※活動停止中
- 国際司法裁判所
- 事務局
- 安全保障理事会
- 総会
- 経済社会理事会

関連機関
- 世界貿易機関(WTO)
- 国際原子力機関(IAEA)

- 国連開発計画(UNDP)
- 国連環境計画(UNEP)
- 国連児童基金(UNICEF)
- 国連大学(UNU)
- 国連貿易開発会議(UNCTAD)
- 国連難民高等弁務官事務所(UNHCR)
- 人権理事会
- など

機能委員会 地域委員会 など

専門機関
- 国連食糧農業機関(FAO)
- 国際労働機関(ILO)
- 国際通貨基金(IMF)
- 国連教育科学文化機関(UNESCO)
- 世界保健機関(WHO)
- 世界銀行グループ
- など

● (❹　　　　　)…世界の平和と安全に責任を負う機関。

◇ 国際的な安全をおびやかす国に対して，**経済制裁**や**軍事行動**などの強制措置を加盟国に求める→**集団安全保障**。

◇ (❺　　　　　)(PKO)の派遣を決定する。

◇ (❻　　　　　)(アメリカ・イギリス・フランス・ロシア・中国)に大きな権限→**常任理事国**が1か国でも反対すると理事会は決定できない(五大国の(❼　　　　　))。

→日本は，**非常任理事国**を何度も務め，国際的な平和に貢献。

● **経済社会理事会**…経済・社会・文化・教育・保健などに関する国際協力を進める。

◇ ユネスコ，世界保健機関などの(❽　　　　　)と協力。

● (❾　　　　　)…加盟国から依頼された，条約の解釈や国際法上の問題に関する紛争についての裁判を行う。

ココが要点の答えになります。

2 グローバル化と地域統合

教 p.188〜p.189

▶ (⑩　　　　　　)…グローバル化で世界市場をめぐる競争が進むなかで，地域としてまとまること。地域としての経済活動を活発にし，さまざまな問題についても協力し合う。

- アジア太平洋経済協力会議((⑪　　　　　　))…環太平洋地域。
- 南米南部共同市場(MERCOSUR)…南アメリカの6か国。
- (⑫　　　　　　)(ASEAN)…東南アジアの10か国。
  →ASEAN＋3として日本・中国・韓国も加わった会議を開催。
- アフリカ連合(AU)…アフリカの54か国・地域。
- 米国・メキシコ・カナダ協定(USMCA)
- (⑬　　　　　　)(EU)…ヨーロッパ27か国。地域として一つの市場を形成。19か国で共通通貨(⑭　　　　　　)を導入。→ギリシャの債務危機など加盟国間の経済格差や，仕事を求めて裕福な国に移り住む(⑮　　　　　　)の増加が問題。
  ◇2020年にはイギリスがEUを離脱。

3 世界のさまざまな文化や宗教

教 p.190〜p.191

▶ 宗教と政治の密接な結びつき

- (⑯　　　　　　)教…「聖書」の教えや教会の活動が，人々の日常生活に入りこむ。
- (⑰　　　　　　)教…「クルアーン(コーラン)」の教えが，人々の日常生活や国の活動の規範となる。

▶ (⑱　　　　　　)問題…ユダヤ人とパレスチナ人の対立。

▶ 文化の(⑲　　　　　　)の理解…意見のちがいがある場合は，他の文化を理解し尊重する(⑳　　　　　　)さが必要。

世界の主な宗教の分布

凡例
キリスト教
イスラム教
仏教
ヒンドゥー教
その他の宗教
人の住んでいない地域

赤道

注）斜線部分は，複数の宗教が混在している。

(「ディルケ世界地図帳」2018年)

満点★ミッション

⑩地域統合
地域的に近い複数の国家が結びつき，協力し合うこと。

⑪APEC
環太平洋地域の国々の経済協力会議。

⑫東南アジア諸国連合
東南アジアの経済統合。

⑬ヨーロッパ連合
ヨーロッパの地域統合。

⑭ユーロ
EU加盟国の共通通貨。

⑮移民
他の国に移り住む人々。

⑯キリスト教
アメリカやヨーロッパで広く信仰される。

⑰イスラム教
西アジアや北アフリカで広く信仰される。

⑱パレスチナ問題
4度の中東戦争の原因になった。

⑲文化の多様性
集団・民族などによって文化の特徴がさまざまであること。

⑳寛容
受け入れること。

テストに出る！

予想問題　1　国家と国際社会②

30分　/100点

1 国際連合について，次の問いに答えなさい。　5点×12〔60点〕

よく出る (1) 次の説明にあてはまる機関を，右の図からそれぞれ選びなさい。

① 1国が1票をもち，幅広い問題を議論する中心的な審議機関。（　　　）

② 加盟国から依頼された，条約の解釈や国際法上の問題に関する紛争の裁判を行う。（　　　）

③ 多くの専門機関と協力して，各国の国民の生活水準の向上をはかる。（　　　）

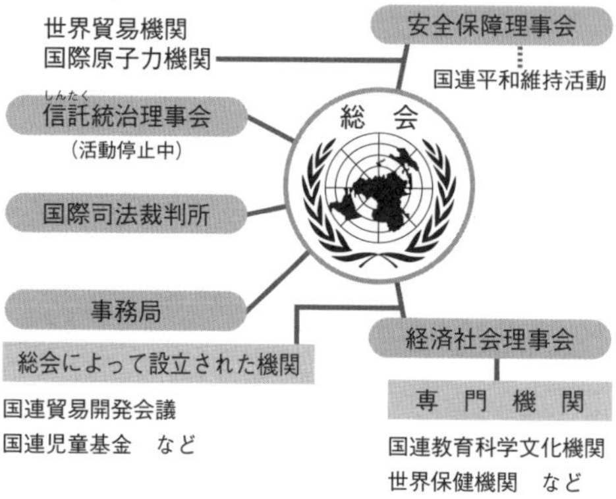

世界貿易機関
国際原子力機関
安全保障理事会
国連平和維持活動
信託統治理事会
（活動停止中）
総会
国際司法裁判所
事務局
総会によって設立された機関
国連貿易開発会議
国連児童基金　など
経済社会理事会
専門機関
国連教育科学文化機関
世界保健機関　など

(2) 次の説明にあてはまる専門機関のアルファベットの略称を，□からそれぞれ選びなさい。

① すべての人々の健康水準を向上させることを目的とする機関。（　　　）

② 世界の労働者の労働条件と生活水準の改善を目的とする機関。（　　　）

③ 教育，科学，文化の発展と推進を目的とする機関。（　　　）

ILO	UNICEF	UNESCO	WHO	UNHCR

(3) 右のグラフは国連加盟国数の推移を示しています。ア～エは，アジア，アフリカ，ヨーロッパ，南北アメリカのいずれかの地域です。アフリカにあてはまるものを選びなさい。（　　　）

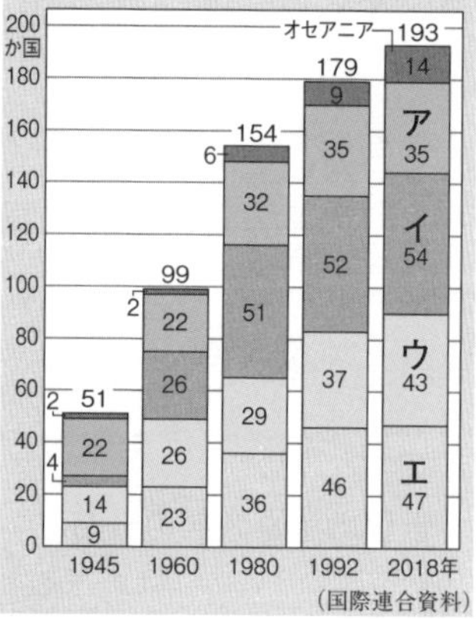

（か国）	1945	1960	1980	1992	2018年
合計	51	99	154	179	193
オセアニア	2	2	6	9	14
ア	22	22	32	35	35
イ	4	26	51	52	54
ウ	14	26	29	37	43
エ	9	23	36	46	47

（国際連合資料）

よく出る (4) 総会が2015年に採択した，「持続可能な開発のための国際目標」をアルファベットで書きなさい。（　　　）

(5) 安全保障理事会について，次の問いに答えなさい。

① 安全保障理事会のはたらきにあてはまらないものを，次から選びなさい。（　　　）

ア　まずしい人々の生活条件の向上とすべての人の人権の保障をめざす。

イ　他国を侵略した国に対し，強制措置をとるよう，加盟国に求める。

ウ　紛争地域に平和維持活動(PKO)を派遣することを決定する。

② 安全保障理事会の常任理事国にあてはまらない国を，次から選びなさい。（　　　）

ア　イギリス　　イ　フランス　　ウ　ドイツ　　エ　ロシア

ちょっとひといき　勉強のコツは，コツコツやること！とにかくくり返すことが大事！

③　重要議案について，常任理事国が１か国でも反対すると決定できないという権限を何といいますか。漢字３字で書きなさい。（　　　　）

(6)　右のグラフは，国連通常予算の分担（ぶんたん）率を示したものです。グラフを正しく読み取っているものを，次から選びなさい。（　　）

ア　分担率は国の人口に応じて割り当てられている。
イ　拠出（きょしゅつ）金の額が多い国の上位５か国は，すべて安全保障理事会の常任理事国である。
ウ　日本は拠出金でも国連に大きく貢献（こうけん）している。

国連予算の分担率

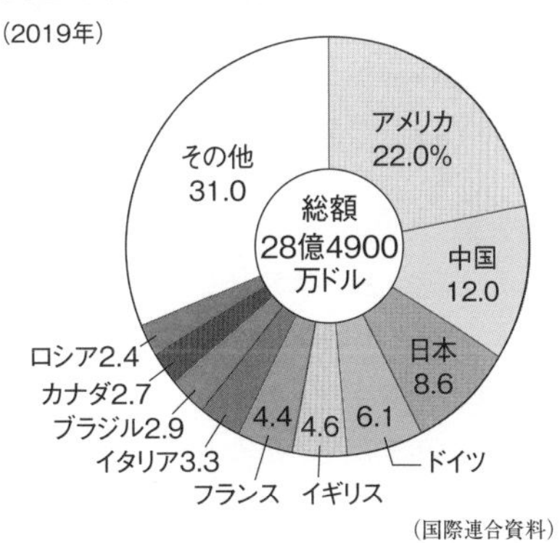

（国際連合資料）

2　次の各問いに答えなさい。

（2）②10点，他５点×６〔40点〕

(1)　右の地図は，世界の主な地域統合（とうごう）を表しています。地図中のＡ～Ｃにあてはまるものを，□からそれぞれ選びなさい。

A（　　　　）
B（　　　　）
C（　　　　）

AU　USMCA　ASEAN（アセアン）

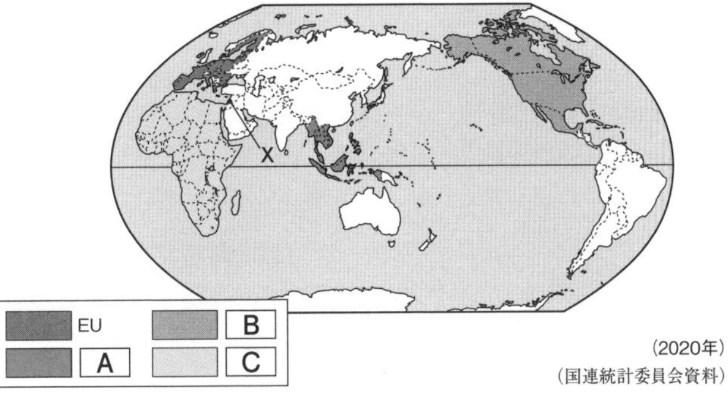

(2020年)
（国連統計委員会資料）

(2)　地図中のEUについて，次の問いに答えなさい。

①　EU加盟国27か国のうち19か国で導入されている共通通貨を何といいますか。（　　　　）

記述　②　EUは一体化したことによってさまざまな問題もかかえています。そのような問題について，例をあげて簡単に書きなさい。
（　　　　　　　　　　　　　　）

(3)　地図中のＸは，キリスト教・イスラム教・ユダヤ教の聖地エルサレムです。この地の周辺で続いている問題を何といいますか。（　　　　）問題

(4)　(3)のような問題を解決するため，今後求められていくことを次から選びなさい。（　　）

ア　文化の多様性（たようせい）について理解し，ほかの文化への寛容（かんよう）さをもつこと。
イ　宗教や文化のちがいをこえることは難しいので，なるべく異（こと）なる場所に住むこと。
ウ　国連の力を強くして，宗教の対立を軍事力で解決すること。

ちょっとひといき　アルファベットの略称は取りちがえやすい…！ 意味と合わせて何度も書きだそう！

2 国際社会の課題と私たちの取り組み①

❶冷戦
アメリカとソ連の対立。冷たい戦争。

❷地域紛争
特定の地域内で起こる紛争。

❸テロ
暴力で政治目的を実現しようとすること。

❹難民
迫害を受けるなどして他国にのがれた人々。

❺核兵器不拡散条約
核保有国以外に核兵器をもつことを禁止する条約。

❻非核三原則
核兵器をもたず，つくらず，もちこませず。

❼平和主義
日本国憲法の三大原則の一つ。

❽政府開発援助
先進国の政府が発展途上国に行う援助。

❾平和維持活動
停戦の監視や，紛争の拡大防止など。

❿人間の安全保障
人間の生命や尊厳を守るという考え方。

ココが要点の答えになります。

テストに出る！ ココが要点 解答 p.15

1 現代の戦争と平和 教 p.194～p.195

▶ (❶)…アメリカとソ連の対立→1989年，ソ連と東ヨーロッパ諸国の社会主義体制の**崩壊**により終結。

▶ 国内紛争や(❷)…国家間の戦争ではなく，宗**教・民族の対立**や鉱産資源から得られる利益をめぐる争い。
→国家と国家の戦争ではない形態の紛争を，新しい戦争とよぶ。

▶ (❸)**組織**の活動…アメリカの同時多発テロ(2001年)→アフガニスタンを攻撃，イラクへの開戦。

▶ 北アフリカ・西アジアの民主化運動(2011年，アラブ**の春**)
→住む土地を追われた(❹)・**避難民**の発生。

▶ 東アジアの変化と課題
- 中国・韓国…経済が大きく発展。
- 北朝鮮…核兵器やミサイルの開発を推進・日本とのあいだの**拉致被害者**の問題。

2 世界の軍縮と日本の役割 教 p.196～p.197

▶ 軍縮への動き…(❺)(NPT)を締結。
→アメリカとソ連が**戦略兵器削減条約**(START)に調印。
- インドやパキスタンなど，NPT枠外で核兵器を保有する国も。
- 核兵器以外の**対人**地雷やクラスター弾についても軍縮の必要性。

▶ 軍縮に対する日本の責任…日本は**唯一の被爆国**として(❻)を掲げている。

3 日本の平和主義と国際貢献 教 p.198～p.199

▶ 戦争からの経済復興をとげた日本は，(❼)のもと，防衛費をGDPの１％程度におさえてきた。
- 発展途上国に技術協力や資金援助を行う(❽)(ODA)を急速に拡大。
- 国連の(❾)(PKO)に参加。**国際平和協力法**(PKO協力法)を制定し，カンボジア，ゴラン高原，モザンビーク，東ティモールなどへ自衛隊を派遣。

▶ **人間の**(❿)を確立…世界の人々が「ひとしく恐怖と欠乏から免れて平和のうちに生活できる」ようにする。

テストに出る！
予想問題 2 国際社会の課題と私たちの取り組み①

30分 /100点

1 次の文を読んで，あとの問いに答えなさい。 (3)②③は各10点，他は8点×6〔68点〕

- 第二次世界大戦後，aアメリカ，ソ連を中心に世界が2つに分かれてはげしく対立したが，現在は宗教・民族の対立などが原因の国内紛争(ふんそう)や(　A　)が目立つようになった。
- 2001年にアメリカで起きた(　B　)など，各地でテロの脅威(きょうい)が広がっている。
- アメリカ・ソ連・イギリス・フランス・中国の核(かく)保有国以外が新たに核兵器をもつことを禁じた(　C　)が締結(ていけつ)されるなど，b核兵器の数を減らす努力がなされている。
- c北朝鮮(きたちょうせん)の核兵器やミサイルの開発は，国際社会からの批判を浴びている。

(1) A～Cにあてはまる語句を書きなさい。
A(　　　　) B(　　　　) C(　　　　)

(2) 下線部aを何といいますか。漢字2字で書きなさい。 (　　　　)

(3) 下線部bについて，次の問いに答えなさい。

① 1991年にアメリカとソ連が調印した条約を□から選びなさい。(　　　　)

部分的核実験停止条約　戦略兵器削減(さくげん)条約　包括(ほうかつ)的核実験禁止条約

② 日本が掲(かか)げている非核三原則(ひかくさんげんそく)を，次の語句に続けて書きなさい。
核兵器を「(　　　　)」

記述 ③ 日本が国際社会に核廃絶(はいぜつ)を強く訴(うった)えていく立場にある理由を，「唯一(ゆいいつ)の」の語句を用いて簡単(かんたん)に書きなさい。(　　　　)

(4) 下線部cと日本とのあいだで未解決となっている問題を，□から選びなさい。 (　　　　)

領土(りょうど)問題　環境(かんきょう)問題　貿易摩擦(まさつ)　拉致(らち)問題

2 次の文を読んで，あとの問いに答えなさい。 8点×4〔32点〕

日本は(　A　)主義に基づき，国際紛争への介入(かいにゅう)をせず，経済(けいざい)面で国際社会に貢献(こうけん)してきた。東アジアの国々へは貿易や投資，政府開発援助(せいふかいはつえんじょ)などで経済発展に協力した。また，一人一人の生命や尊厳(そんげん)を守る「人間の(　B　)」を実現するための責任も担(にな)っている。

(1) A・Bにあてはまる語句を書きなさい。A(　　　　) B(　　　　)

(2) 日本のGDPに占(し)める防衛費の割合(わりあい)は，約何％ですか。 約(　　　　)％

(3) 下線部の略称をアルファベット3字で書きなさい。 (　　　　)

ちょっとひといき　わからない問題でずっと悩まない！ 答えを見て，次は解けるようにしよう！

2　国際社会の課題と私たちの取り組み②

テストに出る！ ココが要点　解答 p.15

1 発展途上国の現状と多様化する世界　教 p.200～p.201

▶ 世界の人口は現在**約80億人**。今後，（❶　　　　）を中心に人口が増加。

- 2055年の予測人口は100億人。→食料やエネルギー資源の不足。農業や工業生産の増大。環境問題への影響。

▶ （❷　　　　）…先進国と発展途上国の経済格差。

- 世界銀行…発展途上国への技術と資金の移転などを援助。

▶ （❸　　　　）…発展途上国間の**経済格差**。

- （❹　　　　）**諸国**…国土・人口・天然資源に恵まれる。→ASEAN**諸国**とともにめざましい経済発展。
- アジアやアフリカの貧しい国々…国内の政治が不安定で，天然資源にとぼしい国々は，１人あたり1日２ドル未満での生活をしている→**栄養失調**や飢餓に直面する子どもたちも。
- **マイクロクレジット**…少額融資で発展途上国の人の自立を促す。

2 限りある資源とエネルギー　教 p.202～p.203

▶ 世界の資源・エネルギー消費…石油・石炭・天然ガス

- （❺　　　　）の大量消費…先進国だけではなく発展途上国でも消費が増加。→資源に限りがあり，不足する。二酸化炭素の排出量が増え，**地球**（❻　　　　）が進む。

▶ 新しいエネルギーの開発

- （❼　　　　）**エネルギー**…太陽光・風力・地熱・バイオマスなど。発電量が天候に左右される，かかる費用に対して発電量が少ないなどの欠点。

▶ 日本のエネルギー問題

- 日本の発電量の8割は化石燃料。→日本は資源がとぼしいため，ほとんどを輸入にたよっている。
- （❽　　　　）**発電**…燃料の安定供給ができ，発電時の二酸化炭素の排出量が少ない。
  - ◇（❾　　　　）(2011年)による，**福島第一原子力発電所**の事故では放射性**物質**が飛散し，多くの人々の生活に影響。→安全性や（❿　　　　）の処理が問題。

❶発展途上国
1人あたりの所得水準が低い国。

❷南北問題
先進国と発展途上国の経済格差。

❸南南問題
発展途上国間の経済格差。

❹BRICS諸国
ブラジル・ロシア・インド・中国・南アフリカ共和国。

❺化石燃料
石炭・石油など。

❻地球温暖化
地球の表面温度が上昇すること。

❼再生可能エネルギー
くり返し利用できるエネルギー。

❽原子力発電
ウランを燃料とする発電。

❾東日本大震災
2011年3月11日に発生した巨大地震による大災害。

❿放射性廃棄物
放射性物質を含む廃棄物の総称。

ココが要点の答えになります。

3 地球規模の環境問題と国際協力

教 p.204～p.205

▶ (⓫　　　　　　)…大量生産・大量消費・大量廃棄の生活様式によって深刻化。

- (⓬　　　　　　)…排出ガスを原因とする酸性の強い雨により，森林や農作物が枯れるなどの被害が出る。
- (⓭　　　　　　)の破壊…**フロンガス**が原因。有害な紫外線の量が増加し，人体に悪い影響をおよぼす。
- (⓮　　　　　　)…過剰な耕作や放牧，森林の伐採などにより植物が生えない砂漠が拡大する。
- **地球温暖化**…大気中の二酸化炭素などの(⓯　　　　　　)が増加し，気温が高くなる。生態系の変化や海面上昇などをもたらす。

▼地球温暖化のしくみ

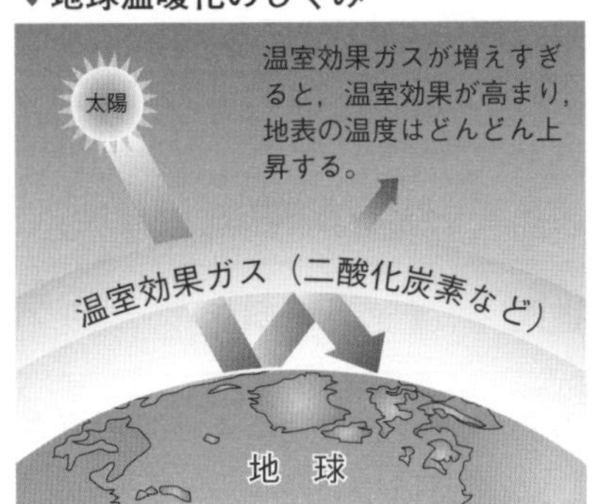

▶ 国際社会の協力

- (⓰　　　　　　)…1972年，スウェーデンのストックホルムで開催。「かけがえのない地球」を守る。
- **地球温暖化防止京都会議**…1997年。先進国に温室効果ガスの排出量削減を義務づけた(⓱　　　　　　)を採択。
  →経済活動が活発な中国・インドは義務づけられず，アメリカは条約を批准しないなど不十分。
- (⓲　　　　　　)…2015年。先進国・発展途上国すべての国に温室効果ガス**削減**を義務づける。→世界の気温上昇を産業革命以前から2℃以内におさえる。

4 持続可能な社会をめざして

教 p.206～p.207

▶ (⓳　　　　　　　　)(SDGs)…世界が直面するさまざまな課題を解決するために，国際連合の総会で合意。
→そのなかでも，「**貧困**や**飢餓**をなくすこと」「**感染症**や**疾病**による死亡をなくすこと」などの目標は発展途上国の深刻な課題。

▶ SDGsを達成するために，(⓴　　　　　　)**の世代**のことを想像しながら，持続可能な社会を実現する。

⓫**環境問題**
地球規模の環境問題。

⓬**酸性雨**
酸性の強い雨や雪。

⓭**オゾン層の破壊**
成層圏のオゾン層が破壊されること。

⓮**砂漠化**
砂漠が広がること。

⓯**温室効果ガス**
赤外線を吸収し，温室のように地球を保温する気体。二酸化炭素など。

⓰**国連人間環境会議**
国連初の環境に関する会議。

⓱**京都議定書**
先進国に温室効果ガスの排出量削減を義務づけた文書。

⓲**パリ協定**
すべての国に温室効果ガスの削減を義務づけた枠組み。

⓳**持続可能な開発目標**
具体的な17の目標を設定。

⓴**将来の世代**
現在の世代が資源や環境を保全し，引きつぐ世代。

テストに出る！

予想問題　2 国際社会の課題と私たちの取り組み②

30分　/100点

1 次の文を読んで，あとの問いに答えなさい。　7点×8〔56点〕

日本など（ A ）の多くが北半球に位置し，エチオピアなど（ B ）の多くが南半球に位置していることから，（ A ）と（ B ）との a 経済格差から生じる問題を（ C ）問題とよぶ。また，（B）のなかの b BRICS諸国や産油国などの豊かな国と貧しい国との経済格差から生じる問題を（ D ）問題とよぶ。

よく出る (1) A～Dにあてはまる語句を，□からそれぞれ選びなさい。

A（　　　）　B（　　　）　C（　　　）　D（　　　）

発展途上国	先進国	東西	南北	北北	南南

(2) 下線部aを解決するため，国連総会によって設立された国際機関を何といいますか。

（　　　）

(3) 下線部bについて，ブラジル，ロシア以外の3か国を書きなさい。

（　　　）（　　　）（　　　）

2 次の文を読んで，あとの問いに答えなさい。　(4)9点，他7点×5〔44点〕

化石燃料の大量の消費は a 地球温暖化の問題だけではなく，限りあるエネルギー資源の持続可能性の面からも問題である。日本では，火力発電についで（ A ）発電が占める比重が大きかったが，東日本大震災での事故をきっかけに，安全性が問題視されるようになった。b 再生可能エネルギーの研究も進められている。

地球の環境に関する初めての国際会議は，1972年にスウェーデンで開かれた（ B ）である。その後，1997年に c 京都議定書を採択，2015年には（ C ）を採択し，世界の気温上昇をおさえる目標を掲げた。

(1) A～Cにあてはまる語句を書きなさい。

A（　　　）　B（　　　）　C（　　　）

(2) 下線部aの原因とされる温室効果ガスとよばれる気体の主なものは何ですか。

（　　　）

よく出る (3) 下線部bについて，再生可能エネルギーによる発電の例を1つあげなさい。

（　　　）

記述 (4) 下線部cについて，京都議定書が不十分だった理由を簡単に書きなさい。

（　　　）

ちょっとひといき　1冊最後までやりきってえらい！ おめでとう！

中間・期末の攻略本

取りはずして使えます！

解答と解説

日本文教版　社会公民

第1編　私たちと現代社会

p.2　ココが要点

❶少子高齢化　❷育児
❸情報化　❹情報通信技術〔ICT〕
❺人工知能〔AI〕　❻情報リテラシー
❼情報モラル　❽グローバル化
❾国際協力　❿持続可能
⓫社会参画

p.3　予想問題

1 (1)A減って〔少なくなって〕
B平均寿命
(2)ア
(3)ア，エ（順不同可）

2 (1)ウ
(2)情報通信技術
(3)情報モラル
(4)①グローバル化　②国際協力

解説

1 (1)**A**一人の女性が一生のうちに生む子どもの数の平均は，1950年の3.65人から2017年には1.43人まで減っている。**B**食事や生活環境の改善，医療技術の進歩により，日本は世界でも有数の**平均寿命**が長い国になった。2017年の男性の平均寿命は81.1歳，女性は87.3歳。
(2)**イ**はドイツ，**ウ**は中国，**エ**はインド。
(3)**イ**は高齢者が増えるので，介護を受ける人の数は増加する。**ウ**日本の人口は2008年から減っている。

2 (1)**ア**悪用される場合があるので，個人が特定されるような情報をみだりに公開しないように気をつけよう。**イ**だれでも手軽に情報が発信できるようになった半面，あやまった情報や不確かな情報も多くみられる。
(2)コンピューター，モバイル端末などの発達が目ざましい。
(3)情報を発信するときは他人の**プライバシー**を**侵害**していないか，正しい情報かを確かめよう。
(4)①グローバルとは「世界的な」「地球規模の」という意味。

もひとつプラス
一人の女性が一生のうち何人の子どもを生むかを表す数値を合計特殊出生率という。2.07を下回ると，人口が減少するとされている。

p.4　ココが要点

❶文化　❷科学
❸芸術　❹宗教
❺四季　❻年中行事
❼伝統文化　❽地域
❾無形文化　❿多様性

p.5　予想問題

1 (1)①ア　②ウ　③イ
(2)年中行事
(3)aオ　bア　cウ　dエ　eイ
(4)A伝統　B地域　C県民性

2 (1)A世界（文化）遺産　B和食
(2)料理，アニメ，漫画，柔道などから1つ。
(3)文化の多様性

解説

1 (1)①核兵器の開発など人類の生存にかかわる問題を引き起こす可能性があるのは**科学**。②**芸術**は，絵画や音楽，文学，演劇，映画などのこと。③**宗教**は，地域によっては人々の生活や政治に大きく影響しており，争いの原因になることもある。

(2)成人式や結婚式など，人生の次の段階へ進むための儀式を通過儀礼という。

2 (1)A日本から19件の世界文化遺産，4件の世界自然遺産が登録されている(2020年)。B日本から，能・歌舞伎など22件が無形文化遺産として登録されている(2020年)。

(2)すしなど，具体的な料理をあげてもよい。

もひとつプラス

近代化産業遺産…日本産業の近代化に貢献したとして，経済産業大臣によって認定された機械や建造物。琵琶湖疏水関連遺産など。

p.6 ココが要点

❶社会的存在　❷家族
❸核家族　❹本質的平等
❺きまり　❻対立
❼合意　❽多数決
❾効率　❿契約

p.7 予想問題

1 (1)X家族　Y責任
(2)社会的存在
(3)①核家族
②〈例〉一人世帯や核家族が増えている。
(4)①イ　②ア　③ウ

2 (1)X対立　Y合意
(2)①効率　②公正
(3)多数決

解説

1 (1)Yきまりのひとつである法律を守らない場合には罰せられる場合がある。

(3)①**核家族**は，夫婦のみ，夫婦と子ども，一人親と子どもからなる家族のこと。核家族と夫婦の親などが同居する三世代世帯は少なくなった。②同じ意味であればよい。特に高齢者の**一人世帯**が増加しており，地域の人々との助け合いが必要である。

2 (1)X対立は，企業の間の売買の交渉，国の政治など，さまざまな場面で生じる。

(2)①**効率**は，できるだけむだのない方法で行うこと。みんなの労力や時間，お金やものがむだなく使われる方法を考えなければならない。②**公正**は，すべての人をかたよりなく，平等にあつかうこと。合意するときは，効率と公正の両方をみたすことが必要。

(3)**多数決**は，より多くの人の意見を反映させることができる方法であるが，多数決を用いて結論を出す前には十分に議論をして**少数の意見も尊重**しなければならない。

練習しよう 契約の「契」を攻略！

契契

第2編　私たちの生活と政治

p.8～p.9 ココが要点

❶政治　❷政治権力
❸民主主義　❹少数意見の尊重
❺最高法規　❻立憲
❼個人の尊重　❽基本的人権
❾法の支配　❿権力分立
⓫大日本帝国　⓬天皇主権
⓭日本国　⓮国民主権
⓯基本的人権の尊重　⓰平和主義
⓱議会制民主主義　⓲発議
⓳国民投票　⓴天皇

p.10～p.11 予想問題

1 (1)政治権力
(2)専制政治
(3)民主政治

2 (1)立憲主義
(2)エ

3 (1)①天皇　②臣民
(2)ポツダム宣言
(3)①1946(年)11(月)3(日)
②1947(年)5(月)3(日)
(4)イ，エ(順不同可)
(5)A国民主権　B基本的人権の尊重
C平和主義
(6)〈例〉天皇主権から国民主権に変わった。

4 (1)ウ
(2)A総議員　B3分の2以上
C国民投票　D過半数
E天皇
(3)満18歳以上

(4)〈例〉憲法は最高法規であるから。
(5)象徴
(6)国事行為

解説

2 (1)個人の人権尊重のため，権力分立制を採用しているのが，**立憲主義の憲法**。
(2)国家の法は，憲法を頂点として構成されている。国会のつくる法律や内閣が制定する政令は，憲法に違反していれば無効である。

3 (1)①**大日本帝国憲法**は，天皇を主権者として位置づけられていた。②臣民とは天皇の民という意味。国民の権利は天皇から恩恵としてあたえられ，法律の範囲内においてのみ認められた。
(2)1945年８月14日にポツダム宣言を受諾。その後，日本は連合国軍に占領され，主権を失った。
(3)現在，11月３日は「文化の日」，５月３日は「憲法記念日」として国民の祝日になっている。
(4)**ア**，**ウ**は大日本帝国憲法に関係する。

4 (2)**憲法改正の発議**には，各議院それぞれの総議員の３分の２以上の賛成が必要。発議後に行われる国民投票で，有権者の有効投票数の過半数の賛成を得られれば改正案が成立する。
(4)憲法が国の**最高法規**であることについてふれていて，同じような意味であればよい。
(6)**国事行為**は，政治的な権威をもたない形式的・儀礼的行為。内閣総理大臣や最高裁判所長官の任命，国会の召集や衆議院の解散，法律や条約の公布などがある。

ミス注意！ 議決に必要な人数

法律案や予算案の議決	各議員の出席議員の過半数
衆議院における法律案の再議決など	出席議員の３分の２以上
憲法改正の発議	各議院の総議員の３分の２以上

p.12 ココが要点

❶基本的人権　❷個人の尊重
❸自由権　❹ロック
❺社会権　❻ワイマール
❼精神　❽表現
❾生命・身体　❿経済活動

p.13 予想問題

1 (1)①ウ
②フランス人権宣言
(2)①社会権
②ワイマール憲法

2 (1)経済活動の自由
(2)a良心　b集会
c法定の手続き　d逮捕
e職業選択

解説

1 (1)①**ア**はフランスの思想家ルソー，**イ**はフランスの思想家モンテスキュー。②フランス人権宣言は，フランス革命が始まった1789年に国民議会が発表した宣言。

2 (2)c法律によって定められた手続きによらなければ，拘束されたり，刑罰を科せられたりしない。d現行犯逮捕以外は，裁判官の令状なしに逮捕・拘禁・捜索などをされない。

p.14 ココが要点

❶平等権　❷社会的身分
❸男女雇用機会均等法
❹男女共同参画社会基本法
❺バリアフリー
❻ユニバーサルデザイン
❼部落差別　❽アイヌ民族
❾アイヌ施策推進法　❿韓国・朝鮮人

p.15 予想問題

1 (1)A法の下
B人種
(2)①男女雇用機会均等法
②男女共同参画社会基本法
(3)部落差別
(4)全国水平社
(5)アイヌ民族〔アイヌの人々〕
(6)アイヌ施策推進法
(7)在日韓国・朝鮮人
(8)障害者差別解消法
(9)バリアフリー
(10)〈例〉年齢，障がいの有無などにかかわらず，だれもが使いやすいように配慮したデザイン。

解説

1 (1)A法律はすべての人に平等に適用され，一部の人だけに特別の権利や保護をあたえない。
B人類を毛髪・目・皮膚の色など，身体的特徴によって分けた集団を人種という。
(2)①1985年に批准した女子差別撤廃条約を受けて，**男女雇用機会均等法**を制定した。
②職場だけではなく，家庭生活を含めたあらゆる分野で男女が協力する社会をめざす法律。
(3)明治時代に「解放令」が出されたが，江戸時代にきびしい差別を受けた人々への差別は解消されなかった。
(7)在日韓国・朝鮮人は，日本に植民地支配されていたころに，強制的に朝鮮半島から日本に連れてこられた人々やその子孫のこと。

練習しよう 韓国の「韓」を攻略！

韓 韓

p.16 ココが要点

❶社会権(しゃかいけん) ❷生存権(せいぞんけん)
❸勤労(きんろう)の権利(けんり) ❹労働基準(ろうどうきじゅん)
❺労働基本権(ろうどうきほんけん) ❻団結権(だんけつけん)
❼団体行動権(だんたいこうどうけん) ❽参政権(さんせいけん)
❾選挙権(せんきょけん) ❿請願権(せいがんけん)

p.17 予想問題

1 (1)①生存権
②文化的
(2)〈例〉義務教育を無償(むしょう)とする。
(3)①労働基準法
②労働基本権〔労働三権〕
③団結権，団体交渉権(だんたいこうしょうけん)，団体行動権〔争議権〕(順不同可)

2 (1)A選挙権
B国民投票
C国民審査
(2)請求権(せいきゅうけん)
(3)請願権

解説

1 (1)①日本の**社会保障制度**は，生存権に基づいて整えられている。
(2)だれもが教育を受けられるように，小学校・中学校の9年間の**義務教育**は無償とされている。国民は，教育を受ける権利があるとともに，子どもに普通教育を受けさせる義務を負っている。
(3)③**団結権**は，労働者が団結できるように労働組合をつくる権利。**団体交渉権**は，労働組合が賃金など労働条件の改善を求めて，使用者と交渉する権利。**団体行動権**は，労働者が要求を実現するためにストライキなどを行う権利。

2 (1)**参政権**には，選挙権，被選挙権，憲法改正の国民投票，最高裁判所裁判官の国民審査，公務員の選定・罷免権，地方自治特別法の住民投票，請願権がある。
(2)**請求権**には，国家賠償請求権，裁判を受ける権利，刑事補償請求権がある。

ミス注意! 「選挙権」は代表を選ぶ権利，「被選挙権」は立候補する権利です。

p.18 ココが要点

❶知(し)る権利(けんり) ❷情報公開(じょうほうこうかい)
❸プライバシーの権利(けんり) ❹環境権(かんきょうけん)
❺自己決定権(じこけっていけん) ❻世界人権宣言(せかいじんけんせんげん)
❼国際人権規約(こくさいじんけんきやく) ❽NGO
❾公共(こうきょう)の福祉(ふくし) ❿納税(のうぜい)

p.19 予想問題

1 (1)①プライバシーの権利
②知る権利
③自己決定権
(2)③

2 (1)①世界人権宣言
②児童〔子ども〕の権利条約
③NGO
(2)〈例〉Bの建物に住む人の日照権。
(3)①公共の福祉
②Aウ　Bエ
Cア　Dイ
(4)子どもに普通教育(ふつうきょういく)を受(う)けさせる義務，勤労(きんろう)の義務，納税(のうぜい)の義務(順不同可)

解説

1 (1)①**プライバシーの権利**には，自分の情報を自分で管理する権利(自己情報コントロール権)も含まれる。②これにより，1999年に**情報公開法**が定められた。③患者が医師から十分に説明を受け，患者本人が治療方針を選択するインフォームド・コンセント，回復の可能性がないときに，患者本人の意思で延命治療を取りやめ，尊厳を保ちながら死をむかえる尊厳死など。

(2)図は，**臓器提供意思表示カード**で，自分の死後に移植のために臓器提供するかどうかを決める自己決定権にかかわる。

2 (1)①世界人権宣言を実現するために，1966年に国際人権規約が採択された。③国境なき医師団は国・民族を問わず，さまざまな地域で活動を行っている。

(2)図では，Bの家がAのビルの陰になっているが，Aのビルの上部を斜めにすることで，Bの家に十分な日光が当たるようにしている。

(3)②A労働基本権のうち，団体行動権が制限されている。C表現の自由とプライバシーの権利は，どちらの自由を優先させるか問題となることが多い。Dエボラ出血熱や腸管出血性大腸菌感染症など感染拡大を防ぐため，感染症法に基づいて強制入院・就業制限されることがある。

もひとつプラス

公共の福祉による人権制限の例	
人権の内容	制限される場合
表現の自由	名誉を傷つける行為の禁止
	選挙運動の制限
集会・結社の自由	デモの規制
居住・移転の自由	感染症による強制入院
営業の自由	資格のない人の営業の禁止
	企業の不公正な取引の禁止
	希少動物の取引の禁止
労働基本権	公務員のストライキの禁止
財産権の保障	不備のある建築の禁止
	道路や空港建設のための土地の収用

p.20 ココが要点

❶平和主義　❷9
❸自衛隊　❹自衛権
❺専守防衛　❻非核三原則
❼文民統制　❽日米安全保障
❾集団的自衛権　❿平和維持活動

p.21 予想問題

1 (1)A国際紛争　B放棄
C戦力　D交戦権
(2)①非核三原則
②専守防衛
③文民統制〔シビリアンコントロール〕
(3)〈例〉自衛のための必要最小限の実力だから。

2 (1)X沖縄県　Y地域紛争
(2)日米安全保障条約
(3)PKO
(4)集団的自衛権

解説

1 (1)**憲法第９条**は，戦争の放棄，戦力の不保持，交戦権の否認を定めている。

(2)①核兵器は，核反応によって強大な破壊力を生み出す兵器である。日本は第二次世界大戦中，広島と長崎に原子爆弾が投下され，世界で**唯一の被爆国**となった。③憲法第66条で，「内閣総理大臣その他の国務大臣は，**文民**(現役の軍人ではない人)でなければならない」と定められている。

2 (1)X日本にあるアメリカ軍基地の約70％が沖縄県に置かれ，県の面積の約８％を占める。

(2)安保条約ともいう。第二次世界大戦の講和条約であるサンフランシスコ平和条約と同時に結ばれた。1960年に改定された新安保条約では，日本や日本国内のアメリカ軍基地が武力攻撃を受けた場合，日本とアメリカが共同で防衛行動をとることが決められた。

(4)**集団的自衛権**に対し，自国に対する武力攻撃に対して防衛行動をとることを個別的自衛権という。日本はこれまで，個別的自衛権のみ認めるとしてきたが，集団的自衛権の行使を限定的に認める安全保障関連法が，2015年に成立した。

もひとつプラス　有事法制

日本が武力攻撃を受けるなど非常事態が起きた際の自衛隊の活動を規定する法律と制度。

2001	アメリカで同時多発テロが発生
	テロ対策特別措置法
2003	有事関連三法
2004	有事関連七法

p.22～23 ココが要点

❶権力分立　❷三権分立
❸直接民主制　❹間接民主制
❺普通選挙　❻小選挙区制
❼比例代表制
❽小選挙区比例代表並立制
❾一票の格差　❿政党交付金
⓫政党　⓬公約
⓭政党政治　⓮与党
⓯野党　⓰多党制
⓱二大政党制　⓲連立政権
⓳世論
⓴メディア・リテラシー

p.24～25 予想問題

1 (1)A国会　B内閣　C裁判所
(2)権力分立
(3)X直接民主
Y間接民主

2 (1)①平等選挙
②秘密選挙
③普通選挙
(2)①A小選挙区制
B比例代表制
C小選挙区比例代表並立制
②B
(3)一票の格差

3 (1)A与党　B野党
(2)X自由民主党
Y立憲民主党
(3)連立政権
(4)政権公約
(5)①〈例〉政権が安定すること。〔政権交代による緊張感があること。〕
②〈例〉少数意見が反映されにくいこと。〔選択をせばめる可能性があること。〕

4 (1)投票率(の低下)
(2)世論
(3)電話
(4)メディア・リテラシー

解説

1 (2)国に権力を集中するのが**中央集権**，地方公共団体に権力を分割するのが**地方分権**。

(3)X国の規模が大きくなり，政治のしくみが複雑になると，すべての国民が直接政治に関わることは難しくなる。Y国民は，国民の代表機関である議会を通じて，意思を表明する。

2 (1)①一人が一票をもつ制度。②だれに投票したかを他人に知られないように，無記名で投票を行う制度。③性別や社会的な身分，財産などによって，選挙権を持つ資格を制限する選挙を制限選挙という。日本では，1889年の選挙制度開始から，1925年の25歳以上の男子の普通選挙，1945年の20歳以上の男女の普通選挙と，選挙権が拡大されてきた。2015年には，選挙権が認められる年齢が18歳以上となった。
(2)①C現在の衆議院議員選挙では，小選挙区で289人，比例代表で176人の議員を選出する。

3 (1)A議席の多数を占める政党が，政権を担当する与党となる。

4 (3)電話は多くの場合，一対一で情報をやり取りするメディア。

もひとつプラス

比例代表選挙の議席配分のしくみ(ドント式，定数3の場合)

政党名	A党	B党	C党
得票数	600票	450票	240票
÷1	600	450	240
÷2	300	225	120
÷3	200	150	80
当選者	2人	1人	―

p.26 ココが要点

❶議会制民主主義　❷国会
❸二院制　❹両院協議会
❺衆議院の優越　❻法律
❼予算　❽内閣総理大臣
❾委員会　❿本会議

p.27 予想問題

1 (1)A国権　B立法機関　C二院制

(2)①4年　②6年

(3)両院協議会

(4)衆議院の優越

(5)〈例〉衆議院には解散があり，議員の任期が短いことから，国民の意思をよりよく反映すると考えられるから。

2 (1)①常会〔通常国会〕

②特別会〔特別国会〕

(2)イ

(3)a委員会　b本会議　c公聴会

解説

1 (1)国会は主権をもつ国民の代表機関である。国権とは国を治める権力のこと。

(3)**両院協議会**は，各議院から選ばれた10人ずつの委員で組織される。

(4)法律案の議決，予算の議決，条約の承認，内閣総理大臣の指名において，衆議院の意思が優越される。また，**予算の先議権**，**内閣不信任の決議**は衆議院にのみ認められている。

2 (1)①**常会**は毎年1月中に召集される。会期は150日間。常会や**特別会**のほか，内閣が必要と認めたとき，または，いずれかの議院の総議員の4分の1以上の要求があったときに召集される**臨時会**〔臨時国会〕，衆議院の解散中に，緊急の必要があるときに，内閣の求めにより召集される**参議院の緊急集会**がある。

(2)**イ**は内閣の仕事。

(3)**a**本会議の討論や採決の前に，議案について調査・審議する機関。専門知識をもった少数の国会議員で構成される。**b**それぞれの議院で議員全員が参加する会議。**c**重要な議案について，専門家などの意見を聞くために開かれる。

p.28 ココが要点

❶行政　❷条約
❸内閣総理大臣　❹閣議
❺議院内閣制　❻内閣不信任
❼解散　❽公務員
❾行政改革　❿規制緩和

p.29 予想問題

1 (1)議院内閣制

(2)大統領制

(3)A過半数　B国務大臣

(4)〈例〉10日以内に衆議院を解散して総選挙を行うか，総辞職しなければならない。

2 (1)ア，カ

(2)公務員

(3)全体の奉仕者

(4)ウ

解説

1 (1)内閣は，国民の代表機関である国会の支持で成り立っている。

(2)アメリカの大統領制では，議会に大統領不信任の決議権がなく，大統領には議会の解散権がない。

(3)**A**・**B**国務大臣は内閣総理大臣が任命するが，その過半数は国会議員でなければならない。

(4)衆議院解散後40日以内に総選挙を行い，総選挙後30日以内に特別会〔特別国会〕を召集する。特別会では内閣総理大臣の指名が行われる。

2 (1)**イ**～**オ**は国会の仕事。

(2)公務員は，さらに**国家公務員**と**地方公務員**に分かれる。

(3)日本国憲法第15条は，「すべて公務員は，**全体の奉仕者**であって，一部の奉仕者ではない。」としている。

(4)**ア**地方分権で国の任務を地方に移すことが必要である。**イ**公務員の数を増やすことは，行政の効率化につながらない。

練習しよう 内閣の「閣」を攻略！

閣閣

p.30～p.31 ココが要点

❶司法権　❷裁判所
❸三審制　❹司法権の独立
❺弾劾裁判　❻違憲審査権
❼民事裁判　❽刑事裁判
❾罪刑法定　❿推定無罪
⓫司法制度改革　⓬弁護士
⓭裁判員制度　⓮三権分立
⓯内閣総理大臣　⓰最高裁判所長官
⓱選挙　⓲国民審査
⓳政権交代　⓴民主主義

p.32～p.33 予想問題

1 (1)司法権の独立
(2)ウ
(3)①地方裁判所
②a控訴　b上告
③三審制

2 (1)A民事　B刑事
(2)X弁護士　Y検察官
Z裁判官
(3)①罪刑法定主義
②適正手続の保障
③えん罪

3 (1)裁判員制度
(2)ア，エ(順不同可)
(3)司法制度改革

4 (1)A内閣総理大臣の指名
B最高裁判所長官の指名
C選挙
D国民審査
(2)〈例〉国の権力が１つの機関に集中して，権力のゆきすぎがないようにするため。

解説

1 (1)裁判を公正に行うため，**司法権の独立**と裁判官の独立が守られている。
(2)**ア**家庭裁判所の説明。簡易裁判所は140万円以下の民事事件と一部の刑事事件の第一審を行う。**イ**裁判官の身分は憲法によって保障されているが，心身の故障や**弾劾裁判**，**国民審査**(最高裁判所の裁判官)によりやめさせられることがある。**ウ違憲審査権**はすべての裁判所にあたえられている。
(3)①家庭裁判所や簡易裁判所で取りあつかわないすべての事件の裁判を行う。全国に50か所ある。②第一審の判決に不服がある場合に，裁判のやり直しをその上級の裁判所に求めることを**控訴**，さらに第二審の判決に対して裁判のやり直しをより上級の裁判所に求めることを**上告**という。③裁判を慎重に行い，裁判のあやまりをなくすための制度。

2 (1)起訴の前に警察や検察官による捜査，取り調べがあるBが**刑事裁判**。
(2)X弁護士は，**民事裁判**では代理人として原告や被告の利益を守り，刑事裁判では弁護人として被告人の利益を守る。Y検察官は，国を代表する立場から被疑者を被告人として裁判所に起訴する。
(3)**推定無罪の原則**は，有罪判決を受けるまで被疑者や被告人を無罪としてあつかうこと。

3 (2)**イ**裁判員裁判の対象となるのは，殺人罪などの重大な刑事裁判の第一審。**ウ**裁判員は20歳以上の国民からくじで選ばれる。
(3)裁判の期間短縮，「法テラス」の開設，裁判官・検察官・弁護士の増員，裁判員制度の導入などを行っている。

4 (1)D国民審査は，国民が最高裁判所裁判官にふさわしくないと思う人に投票し，過半数が罷免に賛成であればやめさせることができる制度。

p.34～p.35 ココが要点

❶地方自治　❷民主主義
❸住民自治　❹地方分権
❺地方公共団体　❻首長
❼議会〔地方議会〕　❽条例
❾再議　❿不信任
⓫歳入　⓬自主
⓭地方税　⓮依存
⓯地方交付税交付金　⓰国庫支出金
⓱市町村合併　⓲直接請求
⓳住民投票　⓴ＮＰＯ

p.36～p.37 予想問題

1 (1)A地方公共団体〔地方自治体〕
B地方分権
(2)〈例〉地域の人々が直接参加し，地域のことを合意で決めていく経験が積めるから。

2 (1)首長
(2)４年
(3)①30歳以上　②25歳以上
(4)ア，ウ，オ(順不同可)
(5)A解散　B不信任の議決
(6)条例
(7)エ

3 (1)地方税
(2)B地方交付税交付金　C国庫支出金
(3)依存財源
(4)〈例〉市町村の規模を大きくすることで，行財政の能力を高めるため。

4 (1)直接請求権
(2)a条例　b監査　c解散
d解職〔リコール〕
(3)３分の１
(4)エ
(5)選挙管理委員会
(6)〈例〉地域の重要な課題について，住民の意思をはかるため。

解説

1 (1)**B地方分権一括法**を制定し，地方分権を進めている。

2 (1)**首長**は住民の直接選挙によって選ばれる。任期は４年。執行機関として，**地方議会**が定めた条例や予算に従って政治を行う。また，条例案や予算案を作成して地方議会に提出する。
(3)同じ首長であっても，都道府県知事と市(区)長村長では被選挙権の年齢がちがうので注意する。
(4)**イ**，**エ**，**カ**は首長の役割や仕事。
(5)首長と議会のいずれかが強くなりすぎないように，均衡をはかるためのくふう。
(7)法律の制定は国の仕事。地方公共団体は，ほかにごみの収集と処理，市町村・県道の整備，国民健康保険や介護保険の運営など，住民のくらしに密着した仕事をしている。

3 (1)(都)道府県民税や事業税など。
(2)**B地方交付税交付金**は，地方公共団体間の財政力の格差解消を目的としている。**C国庫支出金**は，公共事業や社会保障などにかかった費用の全部または一部にあてられる。
(3)**地方債**は地方公共団体の借金。東京都や大阪府などは**自主財源**の割合が高く，秋田県や沖縄県などは**依存財源**の割合が高い。

4 (2)b監査は，地方公共団体の仕事や会計が適切かどうかを監督・検査すること。住民は，監査委員に監査とその結果の公表を請求できる。
c請求後に住民投票を実施し，過半数の賛成があれば解散となる。

もひとつプラス

条例による住民投票の例

地方公共団体	年	内容	結果
新潟県旧巻町	1996	原子力発電所の建設	否決。条例による初の住民投票
沖縄県	1996	米軍基地の整理縮小	可決。国の協議事項に
長野県平谷村	2003	市町村合併	可決。中学生以上に投票権
沖縄県	2019	米軍基地建設のための埋め立て	否決。約72%が反対
大阪府	2020	大阪都構想	否決。日本最大級の住民投票

練習しよう 地方債の「債」を攻略！

債債

第３編　私たちの生活と経済

p.38～p.39　ココが要点

❶希少性　❷経済
❸分業　❹消費
❺サービス　❻家計
❼消費支出　❽貨幣
❾消費者基本法　❿製造物責任法
⓫小売業　⓬流通
⓭商業　⓮ビッグデータ
⓯価格　⓰需要
⓱供給　⓲市場価格
⓳均衡価格　⓴市場経済

p.40～p.41　予想問題

1 (1)A財　Bサービス
C経済
(2)イ，エ(順不同可)
(3)消費者庁
(4)〈例〉商品の欠陥品で損害をうけたとき，生産者に損害賠償の責任を負わせる制度。

2 (1)A給与所得
B税金
(2)ウ
(3)エ
(4)電子マネー

3 (1)A卸売　B小売
(2)せり
(3)ア，エ(順不同可)

4 (1)A供給　B需要
(2)C
(3)均衡価格
(4)〈例〉野菜の供給量が減り，需要量が供給量を上回るから。

解説

1 (1)ＡＢ形があるものを財，形がないものをサービスといい，日常生活で使うすべての財を消費財という。
(2)クレジットカードは商品代金を後払いでき，分割で支払えるなどの利点がある。しかし，借金の一種であり，使いすぎると返済不能になることもある。**ア**の料金を前払いするものは，図書カードなどのプリペイドカード。
(4)**製造物責任法**が定められたことによって，商品の欠陥のみを証明すれば，損害賠償を求められるようになった。

2 (1)**A**企業などで働いて得られる収入を**給与所得**という。
(2)**ウ**生命保険や銀行預金，株式などは，将来のためにたくわえておくもので，貯蓄にあたる。

3 (1)**A卸売業**は，生産者から一度に大量に仕入れた商品を小売業者などに販売する業種。**B小売業**は，生産者や卸売業者から仕入れた商品を消費者に販売する業種。
(3)卸売・小売を通さないことで，流通費用を削減し，価格をおさえることができる。また，生産者・生産地を知ることで，安心して商品を購入できるという利点もある。

4 (1)**A**は価格が上がるほど数量が増えるので**供給曲線**，**B**は価格が上がるほど数量が減るので**需要曲線**。
(2)**C**は供給量が需要量を上回っているので売れ残りを示し，反対に，**D**は需要量が供給量を上回っているので品不足を示している。
(4)需要量が一定の場合の市場価格は，供給量が少ないときは上がり，供給量が多いときは下がる。

練習しよう　均衡の「衡」を攻略！

衡 衡

p.42～p.43　ココが要点

❶私企業　❷公企業
❸知的資源　❹技術革新
❺資本　❻株式
❼株主　❽配当
❾社会的責任　❿資本主義経済
⓫起業　⓬独占
⓭独占価格　⓮独占禁止法
⓯公正取引委員会　⓰公共料金
⓱自由貿易　⓲景気
⓳好景気　⓴不景気
㉑インフレーション〔インフレ〕
㉒デフレーション〔デフレ〕

p.44～p.45 予想問題

1 (1)生産
(2)a自然　b資本財
c労働力　d知的資源

2 (1)①公企業
②個人企業
(2)①A株主　B資本
C株主総会　D取締役会
②配当　③イ

3 (1)①寡占　②価格カルテル
(2)①独占価格
②法律 独占禁止法
組織 公正取引委員会
(3)①公共料金　②私立学校の授業料

4 (1)①WTO　②EPA　③TPP11協定
(2)〈例〉競争によってより良い商品が作られるが，国と国とのあいだで貿易に関する争いが生じる。
(3)好景気
(4)デフレーション〔デフレ〕
(5)グローバル化

解説

2 (1)①**公企業**は，利潤を得ることよりも公共の目的を実現させるため，サービスなどを提供する。国が経営する国営企業，地方公共団体が経営する地方公営企業，日本年金機構などの特殊法人，国立印刷局などの独立行政法人がある。
②**私企業**は個人企業と共同企業に分かれ，共同企業はさらに会社企業と組合企業に分かれる。
(2)③**ア**株式の売買は**証券取引所**などで行われる。**ウ**株主は，持ち株数に応じた議決権をもつ。株主総会の議決は多数決で行われるので，大株主ほど発言力が強くなる。

3 (1)**資本主義経済**においては，企業間の競争に勝った企業が負けた企業を吸収・合併して大企業に成長し，それら少数の大企業に生産が集中して**寡占**状態になることがある。
(2)①製品を生産・販売する企業が1社の場合，その企業は自分に都合のよいように価格を引き上げたり，供給量をおさえたりして市場を支配することができる。
(3)②介護報酬は国会や政府が決定する。タクシーの運賃は政府が認可・上限認可する。郵便料金は政府に届け出る。

4 (4)物価が上がり続けることを**インフレーション(インフレ)**，物価が下がり続けることを**デフレーション(デフレ)**という。デフレーションのなかでも，「物価が下落→企業収益の悪化→所得の減少→消費の低迷→物価が下落…」と，経済が悪循環におちいることをデフレスパイラルという。

ミス注意! 「私企業」は，利潤を得ることを目的にだれでも設立できる企業。「公企業」は水道・ガスの整備など，公的な目的を果たすための企業。

練習しよう 寡占の「寡」を攻略！

寡	寡						

p.46 ココが要点

❶労働基準法　❷労働組合
❸終身雇用　❹年功序列
❺成果主義　❻外国人
❼非正規雇用
❽ハラスメント
❾ワーク・ライフ・バランス
❿セーフティネット

p.47 予想問題

1 (1)ウ
(2)労働組合

2 (1)a終身雇用　b年功序列(賃金)
(2)成果主義
(3)①X派遣社員
Yパートタイム労働者
②〈例〉賃金や労働条件が正規雇用に比べて不安定なため，将来に不安をもつ人が多い。
③雇用の流動化
(4)①セクシャルハラスメント
②ワーク・ライフ・バランス

解説

1 (1)**ウ**15歳未満の児童を働かせてはいけないと定められている(第56条)。
(2)労働組合をつくることは，団結権として憲法で保障されている。

2 (1)このしくみでは，正社員を長く雇うほど賃金が上がるため，企業は正社員の採用を減らし，**非正規雇用**を増やすようになった。

(3)①正社員以外の，パートタイム労働者，**派遣社員**など非正規雇用の労働者が労働者全体の3割以上を占めている。フリーターは学校を卒業しても正社員としての職をもたず，アルバイトなどで生計をたてる人のこと。

②賃金以外でも，正社員に比べて労働条件が不安定で法律で守られにくいという問題がある。

(4)①**男女雇用機会均等法**は，事業主にセクシュアルハラスメント防止のための対策をとることを義務づけている。

もひとつプラス

正社員と非正社員の賃金

	正社員	非正社員
平均年収	499万円	276万円
生涯賃金(男性)	2億3578万円	1億2670万円
30～34歳の男性既婚率(2017年)	60.0%	22.3%

p.48 ココが要点

❶金融（きんゆう）　❷利子（りし）

❸金融機関　❹間接金融（かんせつ）

❺発券（はっけん）　❻政府（せいふ）

❼金融政策（せいさく）　❽外国為替（かわせ）

❾円高（えんだか）　❿円安（えんやす）

p.49 予想問題

1 (1)①A預金

B貸し付け

②B

(2)管理通貨制度（かんりつうかせいど）

(3)①発券銀行

②政府の銀行

③銀行の銀行

(4)イ

2 (1)(外国)為替（かわせ）相場〔為替レート〕

(2)A円高

B円安

C20000

D12000

(3)B

解説

1 (1)②貸付利子と預金利子との差額が銀行の収入となる。

(2)管理通貨制度では，通貨の量が多すぎたり少なすぎたりしないように，中央銀行が調整を行っている。

(3)X日本銀行券は，千円札，二千円札，五千円札，一万円札の4種類。ちなみに硬貨を発行するのは財務省。

(4)日本銀行は，景気や物価の安定をはかるため，**金融政策**を行う。おもな金融政策は，国債などの売買を通じて市場の通貨量を調整する公開市場操作である。

2 (1)A 1ドル＝120円が1ドル＝90円になっているので円高。B 1ドル＝120円が1ドル＝150円になっているので円安。C180万÷90＝20000(ドル)。D180万÷150＝12000(ドル)。

(3)外国での自動車の価格が1万5000ドルから1万2000ドルに安くなるので，Bが輸出に有利。

ミス注意! 「円高」は外国通貨に対して円の価値が上がること。「円安」は円の価値が下がること。

練習しよう 「為替」を攻略！

為替

p.50～p.51 ココが要点

❶財政(ざいせい)　❷社会資本(しゃかいしほん)
❸公共サービス(こうきょう)　❹財政政策(せいさく)
❺歳入(さいにゅう)　❻歳出(さいしゅつ)
❼直接税(ちょくせつぜい)　❽間接税(かんせつぜい)
❾累進課税(るいしんかぜい)　❿国債(こくさい)
⓫社会保障(ほしょう)(制度)　⓬社会保険(ほけん)
⓭公的扶助(こうてきふじょ)　⓮社会福祉(ふくし)
⓯公衆衛生(こうしゅうえいせい)　⓰少子高齢
⓱公的年金制度(ねんきんせいど)　⓲公害
⓳環境基本法　⓴持続可能

p.52～p.53 予想問題

1 (1)A 社会資本
B 公共サービス
(2)①資源(しげん)配分の調整
②所得の再分配
③経済(けいざい)の安定化

2 (1)①法人税　②消費税(しょうひ)　③所得税
(2)累進課税(制度)
(3)〈例〉税金を納める人と税金を負担する人が異なる税金。
(4)a 社会保障関係費
d 国債費

3 (1)生存権
(2)B 公的扶助
D 公衆衛生
(3)介護保険
(4)ウ
(5)〈例〉経済成長をさまたげないようにバランスを取りながら，社会保障の費用を確保していくこと。

4 (1)A 公害　B 環境基本法
(2)①イタイイタイ病　②四日市(よっかいち)ぜんそく
(3)〈例〉パソコンのリサイクル，ペットボトルの分別回収，ごみ収集の有料化への協力，など

解説

1 (1)Aインフラストラクチャー(**インフラ**)ともいう。道路・港湾など産業活動の基盤となる施設と，上下水道・学校・公園など生活の基盤となる施設がある。
(2)**公開市場操作**は日本銀行が行う金融政策。

2 (2)それぞれの支払い能力に応じて税を負担すべきだという考え方に基づく課税制度。
(3)**消費税**は，だれでも同じ税率で負担するので，所得が少ない人ほど負担が大きくなる。
(4)社会保障関係費は，歳出の３割を占める。国債費は，国債の返済と利子の支払いに充てられる。bは公共事業関係費，cは防衛関係費。

3 (1)「健康で文化的な最低限度の生活を営む」権利を保障する制度として，社会保障制度がある。
(2)Aは**社会保険**で，加入者がかけ金を積み立て，必要になったときに給付を受ける。B生活に困っている人々に生活費などを給付する。Cは**社会福祉**で，自立することが困難な人々の生活を保障する。D国民の健康増進や病気予防をはかる。
(4)**ウ**少子高齢化の影響で現役世代の負担が増えていくことが予測される。
(5)**少子高齢化社会**で社会保障制度を維持していくためには，現役世代の負担増が必要。国民の負担が増えると経済が停滞しがちになるが，経済成長を続けないと社会保障の持続可能性が低くなる。

4 (3)身近なことで，ごみの減少や再資源化など環境のためにできることが書いてあれば正解。

練習しよう 累進の「累」を攻略！

累 累

もうひとつプラス

四大公害病

	新潟水俣病	四日市ぜんそく
被害地域	新潟県阿賀野川下流域	三重県四日市市
発生時期	1964年ごろ	1960年ごろ
主な原因	メチル水銀化合物	亜硫酸ガス
	イタイイタイ病	水俣病
被害地域	富山県神通川下流域	熊本県・鹿児島県八代海沿岸域
発生時期	1922年ごろ	1953年ごろ
主な原因	カドミウム	メチル水銀化合物

第４編　私たちと国際社会

p.54 ココが要点

❶持続可能性　❷領土
❸領海　❹排他的経済水域
❺民族自決　❻内政不干渉
❼国際法　❽北方領土
❾竹島　❿尖閣諸島

p.55 予想問題

1 (1)持続可能性
(2)①民族自決　②内政不干渉
③公海自由
(3)国旗〔国歌〕

2 (1)A 領空　B 領海　C 200
(2)国家主権
(3)〈例〉沖ノ鳥島が浸食でなくなると，日本はそのまわりの排他的経済水域を失うから。
(4)①ロシア　②韓国
③中国

解説

1 (2)①第一次世界大戦後にアメリカのウィルソン大統領が提唱した。実際には，植民地時代の名残で人工的な国境線が引かれたアフリカでは，同じ民族が異なる国家に分断されたり，対立する民族が同じ国家を構成するなどの問題が残っており，**地域紛争**の原因にもなっている。②ある国において著しい人権侵害が行われている場合など，他国がそれを非難することが内政不干渉の原則に反するかどうかは，意見が分かれている。

2 (1)**A** 領空は，領土と領海の上空。大気圏外はどの国のものでもない自由な国際空間。**B** 領海は，海岸線から12海里(約22.2km)以内の範囲。**C** 海岸線から**200海里**までの水域のうち，領海を除く部分が**排他的経済水域**。
(3)沖ノ鳥島の周囲には，日本とほぼ同じ面積の経済水域が広がっている。

ミス注意！「北方領土」はロシア，「竹島」は韓国が不法占拠。「尖閣諸島」は中国が領有権を主張している。

p.56～p.57 ココが要点

❶国際連合　❷総会
❸持続可能な開発　❹安全保障理事会
❺平和維持活動　❻常任理事国
❼拒否権　❽専門機関
❾国際司法裁判所　❿地域統合
⓫APEC
⓬東南アジア諸国連合
⓭ヨーロッパ連合　⓮ユーロ
⓯移民　⓰キリスト
⓱イスラム　⓲パレスチナ
⓳多様性　⓴寛容

p.58～p.59 予想問題

1 (1)①総会
②国際司法裁判所
③経済社会理事会
(2)①WHO　②ILO
③UNESCO
(3)イ
(4)SDGs
(5)①ア　②ウ
③拒否権
(6)ウ

2 (1)A ASEAN
B USMCA
C AU
(2)①ユーロ
②〈例１〉ギリシャの経済危機がEU全体に打撃を与えた。
〈例２〉裕福な国に移動してくる移民や難民が増えるようになった。
(3)パレスチナ
(4)ア

解説

1 (2)③専門機関には，ユネスコ(国連教育科学文化機関，UNESCO)，世界保健機関(WHO)などがある。
(3)1960年を中心に大幅に加盟国が増えている**イ**がアフリカである。**ウ**は1992年を中心に加盟国が増えているが，これはソ連の解体やユーゴスラビア内戦などにより独立国が増えたヨーロッパがあてはまる。

(5)①安全保障理事会の目的は国際紛争を防ぐことであるので，**ア**はあてはまらない。②国際連合は第二次世界大戦の連合国が中心になって発足したため，敗戦国のドイツや日本は常任理事国にはなっていない。

2 (1)A ASEANは東南アジア諸国連合の略称。
B USMCAは米国・メキシコ・カナダ協定の略称で，かつてのNAFTAが基になった。
C AUはアフリカ連合の略称。

もひとつプラス

地域統合の比較

	人口（億人）2019年	GDP（兆ドル）2017年	貿易（兆ドル）2018年
EU	4.4	14.7	10.9
ASEAN	6.6	2.8	2.9
USMCA	4.9	22.3	6.1
AU	13.1	2.2	1.0
MERCOSUR	3.1	3.1	0.6

p.60 ココが要点

❶冷戦　❷地域紛争
❸テロ　❹難民
❺核兵器不拡散条約
❻非核三原則　❼平和主義
❽政府開発援助　❾平和維持活動
❿安全保障

p.61 予想問題

1 (1)A地域紛争　B同時多発テロ
C核兵器不拡散条約〔NPT〕
(2)冷戦
(3)①戦略兵器削減条約
②もたず，つくらず，もちこませず
③〈例〉核兵器の惨禍を知る唯一の被爆国であるから。
(4)拉致問題

2 (1)A平和　B安全保障
(2)1％
(3)ODA

解説

1 (1)**B**2001年9月11日，テロリストにハイジャックされた4機の旅客機がビルなどに突入して自爆し，約3000人の犠牲者が出た。
(2)アメリカを中心とする資本主義陣営と，ソ連を中心とする社会主義陣営がはげしく対立したこと。実際にアメリカとソ連との間に戦争が起きたわけではないので**冷戦**(冷たい戦争)という。
(3)①**部分的核実験停止条約**(PTBT)は，1963年にアメリカ・ソ連・イギリスが調印。地下実験を除く宇宙空間・大気圏内・水中での核実験を停止する条約。包括的核実験禁止条約(CTBT)は1996年に成立した，爆発をともなうすべての核実験を禁止する条約。アメリカ・中国などが批准していないため，発効していない。②1972年の沖縄返還に先立って，日本政府が表明した。③戦争に核兵器が用いられたのは日本の広島と長崎に投下された原子爆弾のみである。しかし，核実験や劣化ウラン弾などにより，被爆の後遺症に苦しむ人々は世界に大勢いる。
(4)1970年ごろから80年ごろにかけて，多数の日本人が無理やり北朝鮮に連れていかれた。2002年に5人が帰国したが，生存・所在が不明のままの被害者が多数いる。

2 (2)GDPの1％程度であるが，日本の防衛費の額は世界でも多い方である。

p.62～p.63 ココが要点

❶発展途上国　❷南北問題
❸南南問題　❹BRICS
❺化石燃料　❻温暖化
❼再生可能　❽原子力
❾東日本大震災　❿放射性廃棄物
⓫環境問題　⓬酸性雨
⓭オゾン層　⓮砂漠化
⓯温室効果ガス　⓰国連人間環境会議
⓱京都議定書　⓲パリ協定
⓳持続可能な開発目標
⓴将来

p.64 予想問題

1 (1)A先進国　B発展途上国
C南北　D南南
(2)世界銀行
(3)インド，中国，南アフリカ共和国(順不同可)

2 (1)A原子力　B国連人間環境会議
Cパリ協定
(2)二酸化炭素
(3)太陽光発電，風力発電，地熱発電，バイオマス発電などから１つ
(4)〈例１〉経済活動が活発な中国やインドなどが義務を負っていなかったから。
〈例２〉アメリカが条約を批准しなかったから。

解説

1 (1)A工業化が進み，経済が発展した国。
B経済発展が十分でなく，人口１人あたりの所得水準が低い国。
(2)先進国は**世界銀行**と協力して発展途上国への技術と資金の移転などの援助を進めている。現在は援助する側の日本も，戦後の復興期は援助を受けた。
(3)**BRICS**諸国とは，ブラジル(Brazil)，ロシア(Russia)，インド(India)，中国(China)，南アフリカ共和国(South Africa)の5か国。

2 (1)A「東日本大震災での事故」などの記述から原子力発電。Bスウェーデンのストックホルムで開かれた。「かけがえのない地球」という考え方のもとで，国連人間環境宣言が採択された。C世界の気温上昇を産業革命以前から２℃以内におさえるという目標を掲げている。また，先進国・発展途上国のすべての国が参加している点も，(4)の**京都議定書**から進歩している。
(2)二酸化炭素のほかにメタンや一酸化炭素も温室効果ガスに含まれるが，人類の産業活動の結果，大量に排出されるようになったものとしては，二酸化炭素がその中心となる。
(3)一度使用しても短時間で自然によって補充されるエネルギーのことで，昔から存在する水力発電もその一つ。費用面と安定したエネルギー供給の面で，まだまだ課題が多い。
(4)京都議定書は先進国のみが参加した温室効果ガスの削減目標だったため，当時産業が発展しつつあった中国やインドなどの新興国に削減義務がないなどの問題点があり，アメリカが批准を見送った経緯がある。

6 5 4 3 2
D C B A

テストに出る！

5分間攻略ブック

日本文教版

社会
公民

重要用語をサクッと確認

よく出る資料を
まとめておさえる

赤シートを
活用しよう！

テスト前に最後のチェック！
休み時間にも使えるよ♪

「5分間攻略ブック」は取りはずして使用できます。

第1編　私たちと現代社会

教科書 p.8~p.31

◎まとめておぼえる！

私たちが生きる現代社会の特色

◆**少子高齢化**の進展…医療や**介護**を受ける人が増える。働き手は減少
- ・出産・育児がしやすい環境づくり

◆**情報化**…スマートフォンやインターネットなどの情報通信技術（ＩＣＴ）が普及
- ・情報モラルを守る
- ・情報リテラシーの力が必要

◆**グローバル化**…国際的な競争や分業が加速
→**多文化共生**と**国際協力**が求められる
- ・持続可能な社会をつくるため，一人一人の社会参画が必要

現代社会の文化と私たち

◆文化…科学，**芸術**，宗教

◆日本の**伝統文化**…年中行事や衣食住・芸術
- ・多様な地域文化をもつ

◆文化の**多様性**を尊重することが大切

現代社会の見方・考え方

◆人間は**社会的存在**…家族や地域社会などの社会集団の中で生きる
- ・家族生活の根本は個人の尊厳と両性の本質的平等

◆社会生活にはきまり（**ルール**）が必要
- ・きまりを守る責任がある
- ・きまりの変更が必要なことも
- ・たがいに納得して契約を結ぶ

対立を解消し，**合意**する
→**個人の尊重**を大切にし，話し合いをする
→**全会一致**・**多数決**などで決定
- ・合意のために効率と公正が必要

◎資料でおぼえる！

▼家族構成

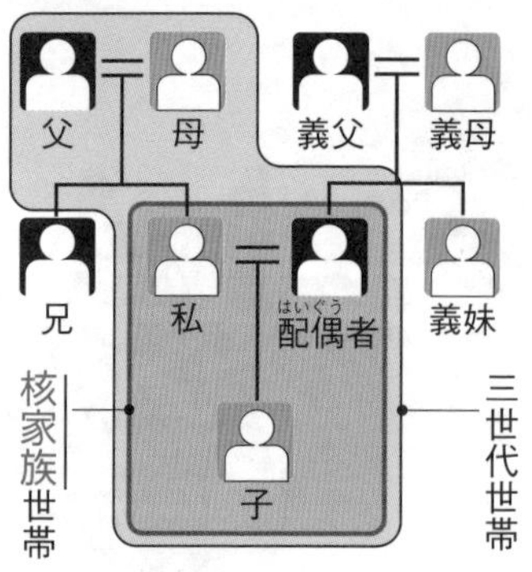

▼対立から合意へ

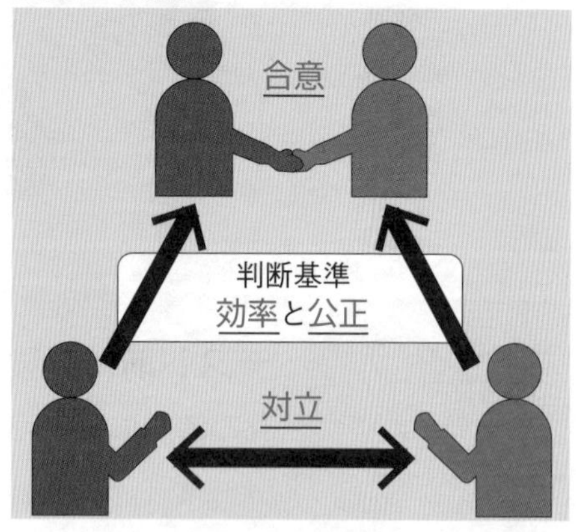

教科書 p.36~p.43

第2編第1章　1　法に基づく政治と日本国憲法

◎まとめておぼえる！

私たちにとっての政治と民主主義

- ◆政治を行うためには**政治権力**が必要
- ◆**民主主義**→**多数決の原理**で決定する
  - ・少数意見の尊重も必要

法に基づく政治と憲法

- ・専制政治は「人の支配」
- ◆**立憲主義**…憲法で政治権力を制限
  憲法は国の**最高法規**
  人権保障や**権力分立**を定める
  - ・個人の尊重・基本的人権の保障が必要
  - ・権力者も法に従う＝法の支配

日本国憲法の制定と三つの基本原則

- ◆**大日本帝国憲法**…**天皇主権**
  - ・1889年制定。国民の権利は法律の範囲内＝臣民の権利
- ◆**日本国憲法**…第二次世界大戦後，ＧＨＱの案を基に制定。1946年**公布**，1947年**施行**
  三つの基本原則…**国民主権**，**基本的人権の尊重**，**平和主義**
  - ・ポツダム宣言による民主化

日本国憲法と国民主権

- ◆憲法改正…**国会**の発議→**国民投票**
- ◆**議会制民主主義**…国会を通じて主権を行使
- ◆象徴としての**天皇**…国事行為のみを行う
  - ・日本国及び日本国民統合の象徴
  - ・国事行為には内閣の助言と承認が必要

◎資料でおぼえる！

▼法の支配

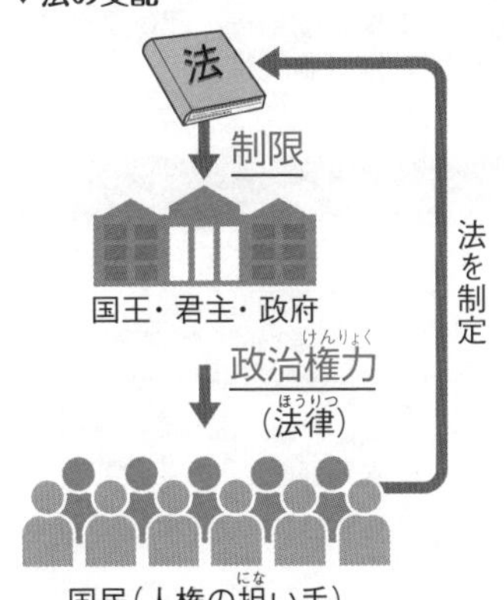

▼憲法改正の手続き

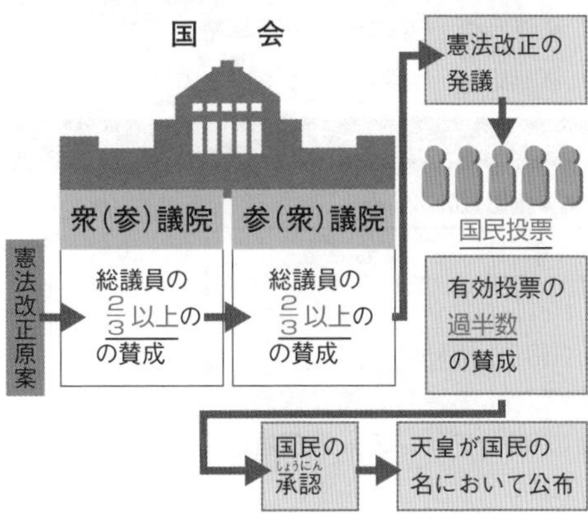

第2編第1章　2　日本国憲法と基本的人権(1)

教科書 p.44~p.57

◎まとめておぼえる！

人権思想のあゆみと日本国憲法

◆基本的人権（人権）…個人の尊重が必要
19 世紀までは**自由権**が重要
資本主義経済の発展→**社会権**の確立

・王権の制限…権利の章典（イギリス）
・平等権・自由権…アメリカ独立宣言，フランス人権宣言
・社会権…ワイマール憲法(ドイツ)
・人権思想家…ロック「統治二論」
モンテスキュー「法の精神」
ルソー「社会契約論」

自由権

◆**精神の自由**…表現の自由，信教の自由など
◆**生命・身体の自由**…奴隷的拘束・苦役からの自由など
◆**経済活動の自由**…**職業選択の自由**，財産権

平等権

◆平等権…個人の尊重と**法の下の平等**
◆男女平等…**男女共同参画社会基本法**など
◆障がいのある人との共生…**バリアフリー化**や**ユニバーサルデザイン**の開発
◆さまざまな差別…部落差別，**アイヌ民族**への差別，**在日韓国・朝鮮人**差別

・男女雇用機会均等法で職場での差別を禁止

・1922 年全国水平社の結成
・2019 年アイヌ施策推進法の制定

社会権

◆生存権　◆**教育を受ける権利**
◆**勤労の権利**，**労働基本権**(労働三権)

・生存権…健康で文化的な最低限度の生活を営む権利（憲法第 25 条）
・勤労の権利…労働基準法の制定
・労働基本権…団結権，団体交渉権，団体行動権（争議権）

人権の保障を実現するための権利

◆**参政権**…選挙権・被選挙権，請願権など
◆**請求権**…裁判を受ける権利など

◎資料でおぼえる！

▼人権思想のあゆみ

年	できごと
1215	マグナ＝カルタ
1689	権利の章典
1776	アメリカ独立宣言
1789	フランス人権宣言
1919	ワイマール憲法
1946	日本国憲法
1948	世界人権宣言

▼基本的人権

自由権	社会権	参政権など
人間が自由に生きるための権利	人間らしい生活を求める権利	人権の保障を実現するための権利

平等権
個人の尊重

第2編第1章　2　日本国憲法と基本的人権(2)
3　日本の平和主義

教科書 p.58~p.73

◎まとめておぼえる！

社会の変化と人権保障

◆**新しい人権**…社会の変化にともなって生まれる→憲法第 13 条の**幸福追求権**が根拠

◆**知る権利**→**情報公開制度**など

◆**プライバシーの権利**…私生活を他人から干渉されない権利

◆**環境権**…人間らしい生活環境を求める

◆**自己決定権**…個人の生き方を**自分の意思**で決定する権利

国際的な人権の保障　公共の福祉と国民の義務

◆国連…**世界人権宣言**，**国際人権規約**
児童(子ども)の権利条約

◆**NGO**(非政府組織)の活動

◆**公共の福祉**による人権の制限もある

◆国民の義務…勤労の義務，**納税の義務**，**子どもに普通教育を受けさせる義務**

日本国憲法の平和主義

◆**戦争の放棄**，**戦力の不保持**，**交戦権の否認**

◆**自衛隊**は**国連平和維持活動**(PKO)に参加

日米安全保障条約と日本の国際貢献

◆**日米安全保障条約**…アメリカ軍が駐留

◆**集団的自衛権**…同盟国が攻撃されたとき反撃に参加→ 2015 年より行使可能に

・生命，自由及び幸福追求に対する国民の権利については，公共の福祉に反しない限り，立法その他の国政の上で，最大の尊重を必要とする

・個人情報保護制度は，プライバシーの権利に基づく

・環境権→環境アセスメントの実施

・インフォームド・コンセントや延命治療の拒否なども含む

・医師になるには資格が必要
・表現の自由が他人のプライバシーを侵害することは許されない

・前文と第９条で定める

・アメリカ軍基地は沖縄県に集中

◎資料でおぼえる！

▼臓器提供意思表示カード

▼日照権に配慮した建物

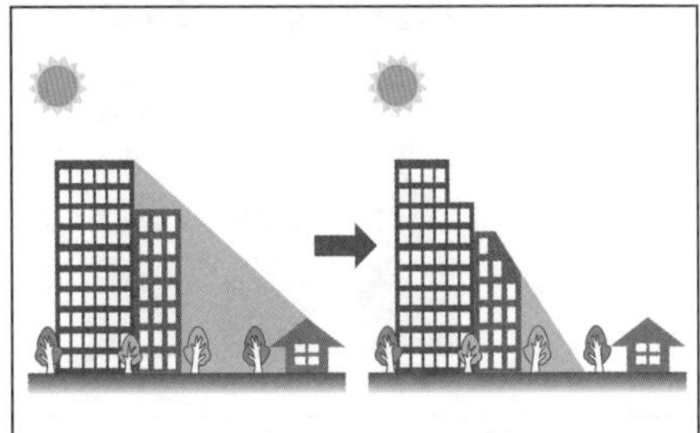

第2編第2章　1　民主政治と政治参加

教科書 p.78~p.85

◎まとめておぼえる！

民主政治のしくみ

◆**権力分立**…三権分立，地方分権

◆民主政治…日本は憲法で**国民主権**を定め，**間接民主制**をとる
・議会制民主主義（代議制）ともいう
・スイスでは直接民主制もみられる

選挙の意義としくみ

◆選挙の原則…**直接選挙**，**普通選挙**，**平等選挙**，**秘密選挙**
・納税額や性別による制限選挙もかつて行われた

◆衆議院選挙は**小選挙区比例代表並立制**
・参議院…選挙区制と比例代表制

◆課題…**一票の格差**の問題など
・選挙に費用がかかることも問題→国が政党交付金を助成

国民と政治をつなぐ政党

◆政党…**公約**や政権公約を示す

◆政党政治…**与党**が内閣を組織，**野党**が監視
複数の政党で**連立政権**をつくることも
・二大政党制…イギリス・アメリカ
・多党制…ヨーロッパ・日本

◆日本の政党…1955年以降，**自由民主党**(**自民党**)による単独政権が続いた
・民主党中心の連立政権と自民党中心の連立政権による政権交代が行われたこともあった

政治参加と世論

◆選挙…**投票率**の低下が問題

◆**世論**で政治に影響…**マスメディア**が世論に影響→国民には**メディア・リテラシー**が必要
・2013年インターネットを使った選挙運動が解禁された

◎資料でおぼえる！

▼選挙制度

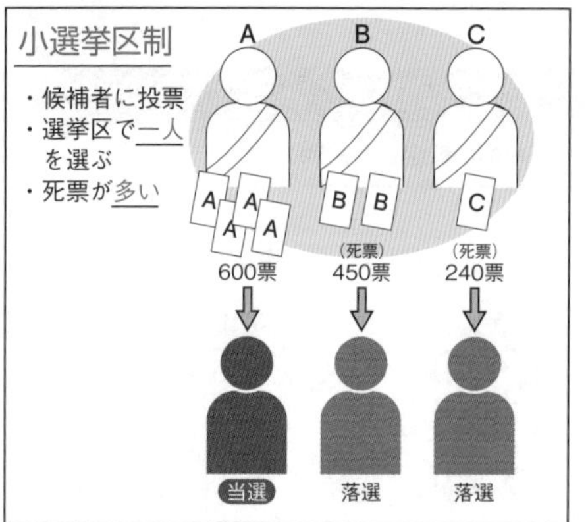

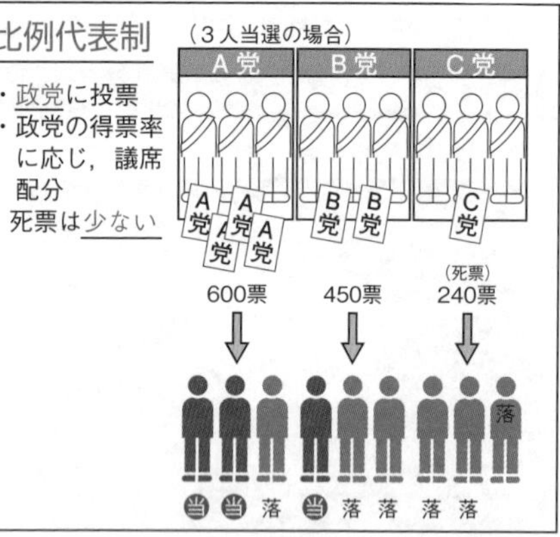

第2編第2章　2　国の政治のしくみ(1)

教科書
p.88~p.91

◎まとめておぼえる！

国会の地位としくみ

◆**議会制民主主義**に基づき，国民の代表者である議員が**国会**を構成
- 国会議員は不逮捕特権・免責特権をもち，自由な活動が保障されている

◆**国権の最高機関**，**唯一の立法機関**

◆衆議院と参議院の**二院制**
- 多様な意見を反映し，慎重な審議を行うため

衆議院…任期４年，25歳以上に被選挙権

参議院…任期６年，30歳以上に被選挙権

◆衆議院に大きな権限…**衆議院の優越**
- 衆議院は任期が短く解散がある
- 衆議院と参議院の議決が異なったときは，両院協議会を開くことがある

国会の仕事

◆**法律**の制定
- 国会議員と内閣が法律案を提出できる
- 成立した法律は天皇が公布

◆**予算**の審議・議決

◆内閣総理大臣の**指名**

◆**内閣不信任**の決議（衆議院のみ）

◆条約の**承認**　◆憲法改正の発議

◆**弾劾裁判所**の設置　◆**国政調査権**

国会の運営

◆議案は**委員会**で審議→**本会議**で議決
委員会では**公聴会**が行われることもある

◆審議には定足数があり，議決は**多数決**
- 定足数…本会議は総議員の３分の１以上，委員会は２分の１以上

◎資料でおぼえる！

▼衆議院の優越

法律案の議決	衆議院で出席議員の3分の2以上の多数で再可決→法律に
予算の議決 条約の承認 内閣総理大臣の指名	両院協議会でも不一致→衆議院の議決が国会の議決に
予算の先議	予算は先に衆議院に提出
内閣不信任の決議	衆議院だけができる

▼国会の種類

種類	召集
常会 （通常国会）	毎年１回，１月中
臨時会 （臨時国会）	内閣または国会議員の要求がある場合
特別会 （特別国会）	衆議院解散後の総選挙の日から30日以内
参議院の緊急集会	衆議院解散中に必要がある場合

第2編第2章　2　国の政治のしくみ(2)

教科書 p.92~p.95

◎まとめておぼえる！

内閣のしくみと議院内閣制

- ◆国の**行政**全体に責任をもつ
- ◆**内閣総理大臣**(首相)と**国務大臣**で構成
  - ・国務大臣は財務大臣や文部科学大臣など，各省庁の長になることが多い
- →**閣議**を開き，政府の方針を決定
- ◆**議院内閣制**…内閣は国会に対して連帯責任
  - ・アメリカの大統領制は立法と行政の分立がより厳格
- **衆議院**が内閣不信任の決議→内閣は10日以内に**衆議院を解散**するか**総辞職**する

内閣の仕事

- ◆法律案や予算案の提出
- ◆**政令**の制定
- ◆**条約**の締結
- ◆**最高裁判所長官**の指名
  - ・その他の裁判官の任命も行う
- ◆**天皇**の国事行為への助言と承認

行政権の拡大と国民の生活

- ◆国の行政は**各省庁**が分担…外交は**外務省**，安全保障は**防衛省**，医療は**厚生労働省**
  - ・省庁は東京都の霞が関付近に集まっている
- ◆**公務員**…**国家公務員**と**地方公務員**
  - ・国民全体の奉仕者であるべき
- ◆**行政権の拡大**…国会による監督が難しくなる。行政組織にむだや非効率が生じる
  - ・たてわり行政になることも
- ◆**行政改革**…政府組織の**民営化**や経済活動の**規制緩和**で効率的な行政をめざす
  - ・省庁のもつ許認可権に関する規制をゆるめる

◎資料でおぼえる！

▼内閣の成立

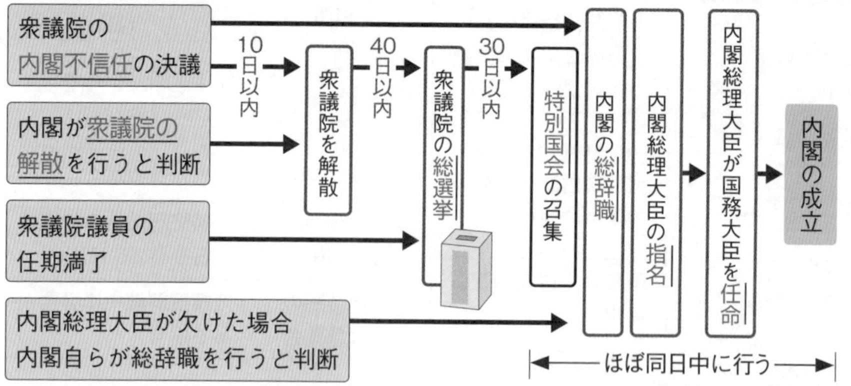

第2編第2章　2　国の政治のしくみ(3)

教科書 p.98~p.107

◎まとめておぼえる!

法を守る裁判所

◆裁判…裁判所が司法権をもつ。国民には，裁判を受ける権利が保障されている

◆三審制…慎重な審理。控訴と上告の手続き

◆司法権の独立→裁判官の身分を保障

◆違憲審査制…最終的に判断する最高裁判所は「憲法の番人」とよばれる

・裁判所…最高裁判所と下級裁判所（高等，地方，家庭，簡易）

・判決確定後でも，新たな証拠が見つかったときなどは再審を請求できる→えん罪をふせぐ

・弾劾裁判と国民審査など特別な理由以外ではやめさせられない

裁判のしくみと人権の尊重

◆民事裁判…原告と被告が権利・義務の対立を争う。行政裁判も民事裁判の一種

◆刑事裁判…犯罪にあたるか否かを裁く検察官が被疑者を被告人として起訴する

・人権尊重…弁護人をたのむ権利，罪刑法定主義，適正手続の保障，逮捕や捜索に令状が必要，黙秘権，推定無罪の原則，疑わしきは罰せず

私たちの司法と裁判員制度

◆司法制度改革…法テラスの設置など

◆裁判員制度…20歳以上の国民から選ばれた裁判員が重大な刑事裁判の第一審に参加

・法律の専門家である弁護士と相談できる

三権分立

◆立法権・行政権・司法権が抑制・均衡

・モンテスキューが「法の精神」でとなえた

◎資料でおぼえる!

▼三審制のしくみ

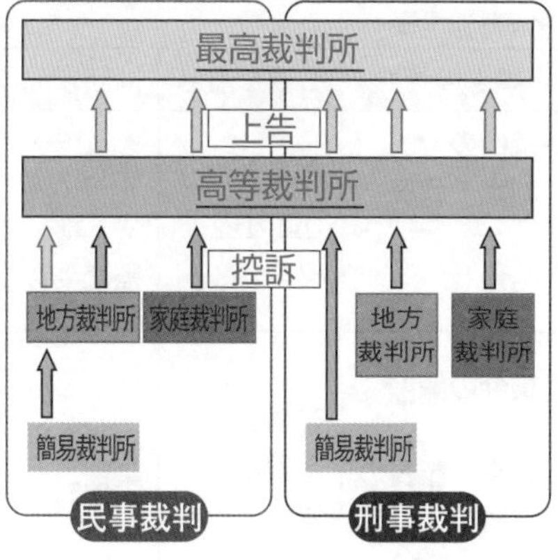

▼三権分立

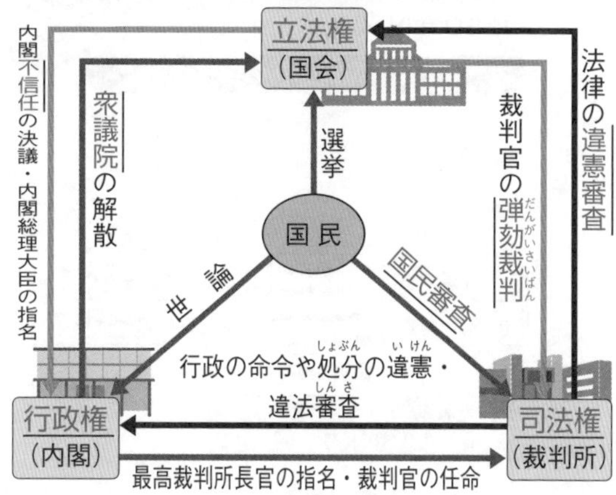

第2編第2章　3　くらしを支える地方自治

教科書 p.108~p.115

◎まとめておぼえる！

私たちのくらしと地方自治

◆**地方自治**…住民が自分たちの地域の課題に取り組む**住民自治**と，国の制約を受けない**地方分権**が基本

・民主主義の学校→住民が直接参加しながら，民主政治の経験ができる

地方自治のしくみ

◆**地方公共団体**…市(区)町村や都道府県

◆**首長**…都道府県知事と市(区)町村長

・被選挙権…地方議会議員と市(区)町村長は25歳以上，都道府県知事は30歳以上

◆**地方議会**…条例の制定や予算の決定

・条例…地方公共団体独自の法

地方自治と国の関係

◆**地方財政**…**地方税**などの自主財源だけではまかなえない→国から地方交付税交付金と国庫支出金を支給。借金として**地方債**を発行(**依存財源**)

・地方交付税交付金…地方公共団体間の財政力の格差を解消するために配分

・国庫支出金…公共事業や社会保障など使いみちが特定

◆**市町村合併**…支出削減や効率化のため

地方自治と私たち

◆住民の権利…選挙，直接請求権，**住民投票**

◆地域づくり…住民運動，住民参加のために**情報公開**が必要。行政と住民の**社会参画**，ＮＰＯ，ボランティアの協力が重要

・ＮＰＯ…非営利組織

◎資料でおぼえる！

▼地方自治のしくみ

地方公共団体の住民

選挙（→執行機関）　選挙（→議決機関）

執行機関		議決機関
知事	←条例・予算の議決 / 不信任決議	都道府県議会
市(区)町村長	→議会の解散 / 議決の再議	市(区)町村議会

執行機関の下：副知事／副市(区)町村長、教育委員会，選挙管理委員会など

▼直接請求権

請求の種類	必要な署名	請求先
条例の制定・改廃	有権者の50分の1以上	首長
監査		監査委員
議会の解散	有権者の3分の1以上	選挙管理委員会
首長・議員の解職（リコール）		

教科書 p.124~p.135

第3編　1　経済のしくみと消費生活

◎まとめておぼえる！

経済のしくみ　経済活動の意義

◆**希少性**…資源に限りがあること
・希少性のある商品から選択していく力が必要

◆**経済**…**生産**・**流通**・**消費**のしくみ
・経済は，家計・企業・政府の間を循環する

◆分業で生産された商品を交換…豊かな生活

私たちの消費生活

◆形ある**財**と形のない**サービス**を**消費**

◆**家計**…**消費活動**を行う家族や個人

◆**可処分所得**…**消費支出**と**貯蓄**に振り分け
・家計の収入を所得という。所得から税金と社会保険料を引いた残りが可処分所得

◆支払いの方法…**貨幣**のほか**電子マネー**や**クレジットカード**
・計画的な利用が必要

消費者の権利と自立を支える政府のはたらき

◆**契約**…**権利**と**義務**が発生
・契約自由の原則

◆**消費者問題**…**主権**をもつ消費者は，生産者に比べて弱い立場→政府による保護が必要
・消費者基本法，消費者契約法，製造物責任法（PL法）などを制定

ものの流れと情報の流れ

◆**流通**…生産者から**卸売業**・**小売業**をへて**消費者**に届くまでの流れ
・流通にかかわる業種を商業という
・流通の合理化…生産者からの直接買い付けで費用を削減

◆情報通信技術の発達…**ビッグデータ**の活用

市場のしくみと価格の決まり方

◆**市場経済**…**価格**がシグナルとなり生産を調節

◆**市場価格**…需要量と供給量の関係で決まる
・需要量＞供給量…価格は上がる
・需要量＜供給量…価格は下がる
・需要量＝供給量…均衡価格

◎資料でおぼえる！

▼野菜の流通経路

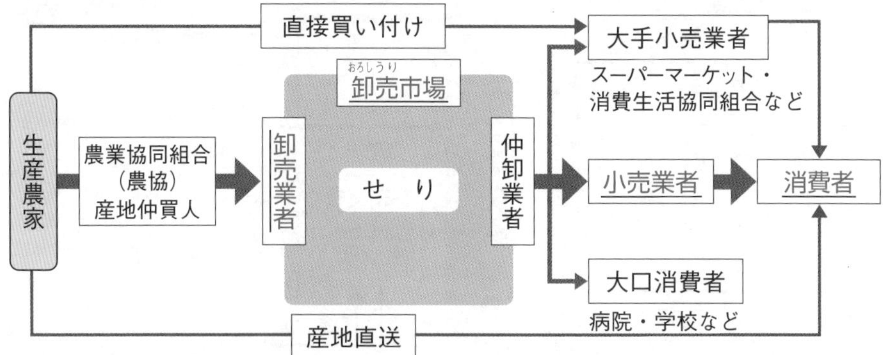

第3編　2　生産の場としての企業

教科書 p.136~p.151

◎まとめておぼえる！

生産活動とそのしくみ

◆企業…私企業は生産を行い利潤を得る
- ・公企業は公共の目的で設立

◆生産の三要素…自然，資本財，労働力。他に知的資源も必要
- ・技術革新（イノベーション）を進めて生産活動を改善する

株式会社のしくみ　企業の競争と独占

◆株式会社…株式を発行して資本を集める
- ・地域や環境への貢献など企業の社会的責任（CSR）も重要

◆資本主義経済…企業の競争が消費者に利益をあたえる→寡占や独占が進むと，価格カルテルや独占価格の設定で消費者に不利益
- ・独占禁止法の制定と公正取引委員会による監視
- ・公共料金…国や地方公共団体が認可

グローバル化する経済　景気の変動

◆グローバル化…貿易（輸出・輸入）が活発
- ・TPP11協定などの締結で，自由貿易を推進

◆景気…好景気と不景気を繰り返す
- ・好景気で物価が上がり続けるインフレーションと，不景気で下がり続けるデフレーション

労働者を支えるしくみ　変化する雇用

◆労働基準法…労働条件の最低基準を定める

◆労働組合…団結して企業と交渉する組織

◆終身雇用→転職・中途採用と雇用は流動化
- ・賃金も年功序列賃金から成果主義へ

◆外国人労働者や非正規雇用の増加
- ・パートタイム，アルバイト，派遣社員，契約社員など

◆結婚・育児後も働く女性が増加←セクシュアルハラスメントへの対策も必要

◆失業に備えるセーフティネットの整備
- ・ワーク・ライフ・バランスの実現

◎資料でおぼえる！

▼主な企業の種類

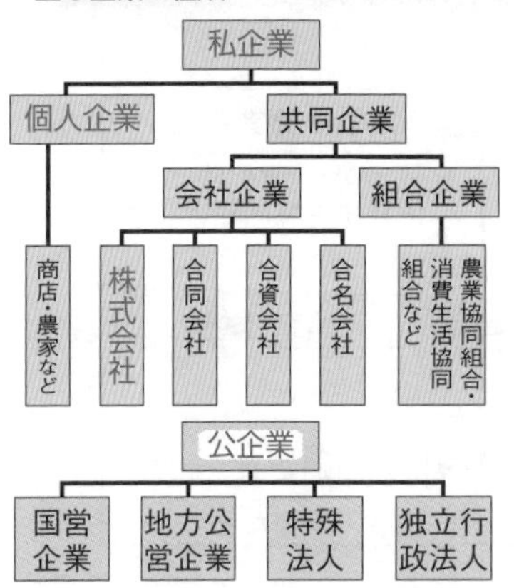

▼株式会社のしくみ

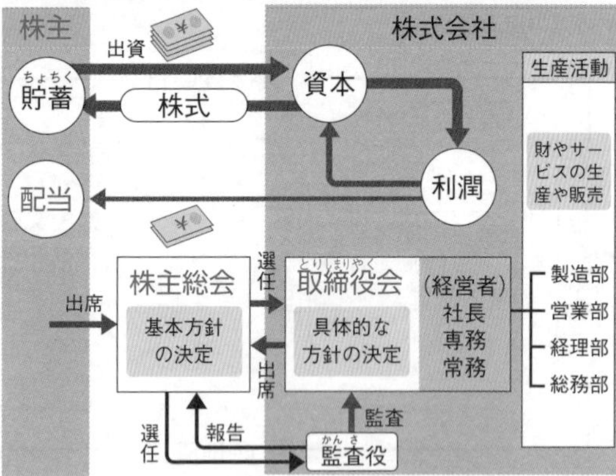

第3編　3　金融のしくみとお金の大切さ

教科書 p.154~p.159

◎まとめておぼえる!

金融のしくみ

- ◆お金には**現金**と**預金**がある
- ◆**金融**…お金の貸し借り。**利子**を付けて返す
- ◆**間接金融**…**銀行**などの**金融機関**がなかだち
  - ・預金の利子と貸し付けの利子の差額が利益となる
  - ・金融機関には銀行の他，信用金庫，保険会社，証券会社などがある
- ◆**直接金融**…**株式**や**債券**を発行→高い**利子**や**配当**を得られる可能性，反面リスクも

日本銀行と金融政策

- ◆**日本銀行**…日本の**中央銀行**
  銀行の銀行，**政府の銀行**，**発券銀行**の役割
  - ・紙幣の別名は日本銀行券
  - ・国の税金などを預かったり，政府に代わって支払を行ったりする
- ◆**金融政策**…**国債**の売り買いによって景気の安定をはかる(**公開市場操作**)
  - ・景気が悪いときは国債を買い，通貨が市場に出回るようにする
- ◆各国の中央銀行とも協力

金融のグローバル化と為替相場

- ◆**外国為替市場**…通貨と通貨を交換
- ◆**外国為替相場**…**需要**と**供給**で決まる
  円の価値が高い**円高**と低い**円安**
  - ・為替レートともよばれる
  - ・1ドル＝100円→1ドル＝80円への変化は，円安ではなく円高
- ◆円高の影響…企業がより安い労働力を求め，工場を海外に**移転**
  - ・国内の製造業が衰える産業の空洞化が起こった

◎資料でおぼえる!

▼日本銀行のはたらき

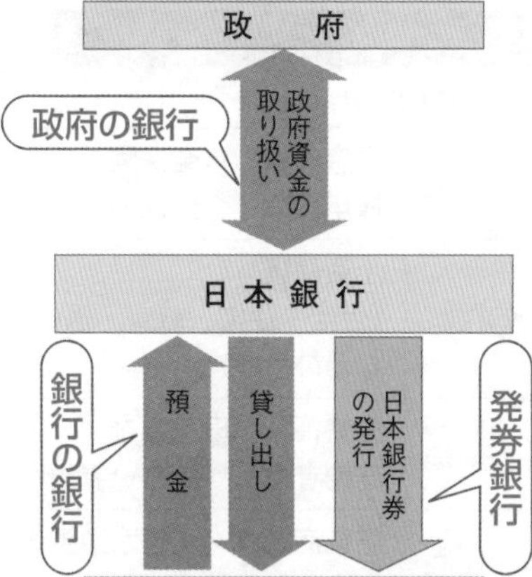

▼為替相場の影響

為替相場 1ドル	円高 100円→80円	円安 100円→120円
輸出品	外国での価格が高くなる ＝輸出に不利	外国での価格が安くなる ＝輸出に有利
輸入品	日本での価格が安くなる ＝輸入に有利	日本での価格が高くなる ＝輸入に不利

第3編　4　財政と国民の福祉

教科書 p.160~p.171

◎まとめておぼえる！

財政のはたらき

◆財政…政府が行う経済活動
資源配分の調整→社会資本の整備，公共サービスの提供
　・社会資本…道路，上下水道など
　・公共サービス…警察，消防，教育など
所得の再分配→社会保障サービス
景気の安定化→財政政策
　・好景気…増税・公共事業を減らす
　・不景気…減税・公共事業を増やす
◆歳入…国の収入。歳出…国の支出
　・歳出は社会保障関係費と国債費の割合が大きい

国の収入を支える税と国債

◆税…直接税と間接税，国税と地方税に分類
◆累進課税…所得が多い人ほど高い税率
　・消費税は逆進性の問題がある
◆国債…国の借金
　・元本の返済と利子の支払いが必要なので，発行は慎重に検討

社会保障のしくみ　福祉の充実

◆社会保障…生存権を実現する制度
社会保険，公的扶助，社会福祉，公衆衛生
　・憲法第 25 条…健康で文化的な最低限度の生活を営む権利
◆税・保険料が高い大きな政府と，負担は少ないが社会保障が手薄な小さな政府
　・少子高齢社会となり，公的年金制度がゆらぐ

環境保全の担い手としての政府

◆公害の発生→公害対策基本法
　・四大公害病…新潟水俣病，四日市ぜんそく，イタイイタイ病，水俣病
◆地球環境問題…環境基本法を制定
◆リサイクルを進め，持続可能な社会に

◎資料でおぼえる！

▼主な税金の種類

	直接税	間接税
国税	所得税 法人税 相続税	消費税 酒税，関税 揮発油税
地方税	住民税 事業税 自動車税 固定資産税	地方消費税 たばこ税 ゴルフ場利用税

▼社会保障制度のしくみ

社会保険	医療保険　年金保険 雇用保険　介護保険
公的扶助	生活保護 （生活・住宅・教育・医療などの扶助）
社会福祉	児童福祉　母子福祉 高齢者福祉　障がい者福祉
公衆衛生	感染症対策　上下水道整備 廃棄物処理　公害対策など

第4編　1　国家と国際社会

教科書
p.178~p.191

◎まとめておぼえる！

国家と国際関係

◆主権国家…領域・国民・**主権**をもつ国家
- 日本は日章旗を国旗に，君が代を国歌とする

◆領域…領土・領海・**領空**から成る。海岸線から**200海里**以内は排他的経済水域

◆世界の国…**民族自決の原則**で現在190か国以上。外交関係を結び，**国際法**(条約と国際慣習法)を守る
- 国際慣習法には主権平等の原則，内政不干渉の原則，公海自由の原則などがある

日本の領土をめぐる問題

◆**北方領土**はロシア，**竹島**は韓国が不法占拠

◆**尖閣諸島**…中国が領有権を主張

国際連合の目的とはたらき

- 1945年，国際連合憲章を採択して設立。本部はニューヨーク

◆目的…世界の平和と安全の維持など

◆**総会**…加盟国が1国1票

◆**安全保障理事会**…常任理事国に**拒否権**
- 常任理事国…アメリカ，イギリス，フランス，ロシア，中国

地域統合

- 米国･メキシコ･カナダ協定(USMCA)
- アフリカ連合（AU）など

◆アジア太平洋経済協力会議(APEC)

◆東南アジア諸国連合(ASEAN)

◆ヨーロッパ連合(EU)…共通通貨ユーロ
→**移民**の増加や**イギリスの離脱**
- 宗教・民族・文化のちがいが強調され，国際政治に影響
- 文化の多様性に寛容さをもつ必要

◎資料でおぼえる！

▼国家の領域

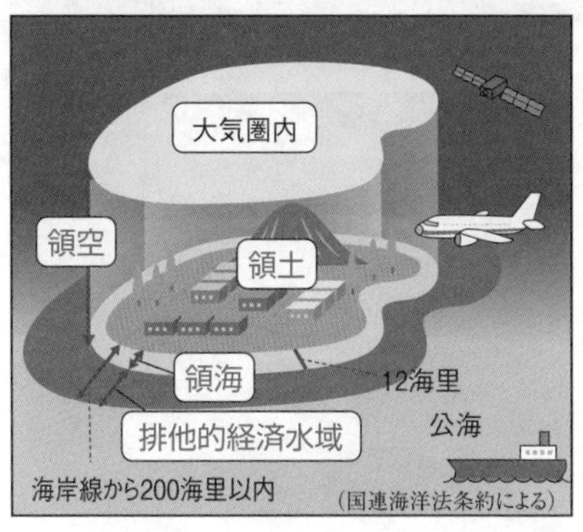

▼国際連合の主な機関

教科書 p.194~p.207

第4編　2　国際社会の課題と私たちの取り組み

◎まとめておぼえる！

現代の戦争と平和　軍縮

◆**冷戦**終結後，**地域紛争**が増加…民族・宗教対立などが原因。テロも起こる。難民増加

- 2001年アメリカ同時多発テロ
→アフガニスタン攻撃，イラク戦争

◆**核兵器不拡散条約**(NPT)→核保有国が増え，**核管理体制**がゆらぐ

- インド，パキスタン，北朝鮮が核実験

日本の平和主義と国際貢献

◆平和主義，非核三原則を掲げる

- 日米安全保障条約で自衛のみ
- 非核三原則…核兵器を「持たず，つくらず，持ちこませず」

◆政府開発援助(**ODA**)を行う

◆平和維持活動(**PKO**)に参加

◆**人間の安全保障**…個人の生命と尊厳を守る

さまざまな国際問題

◆世界人口の増加…先進国は**少子高齢化**

◆南北問題と南南問題

- 南北問題…先進国と発展途上国の経済格差
- 南南問題…発展途上国の間の格差

◆資源・エネルギー問題…**化石燃料**の大量消費で**地球温暖化**。**原子力発電**は東日本大震災で停滞。再生可能エネルギーの開発

- 再生可能エネルギー…水力，太陽光，風力，地熱，バイオマスなど

◆地球環境問題…**酸性雨**，**オゾン層の破壊**，**砂漠化**，地球温暖化など

- 1972年，国連人間環境会議
- 1992年，地球サミット
- 1997年，地球温暖化防止京都会議
→京都議定書を採択
- 2015年，パリ協定採択

持続可能な社会をめざして

◆**将来の世代**に環境のめぐみを引きつぐため，**持続可能な社会**について国際会議を開く

◎資料でおぼえる！

▼世界人口の見通し

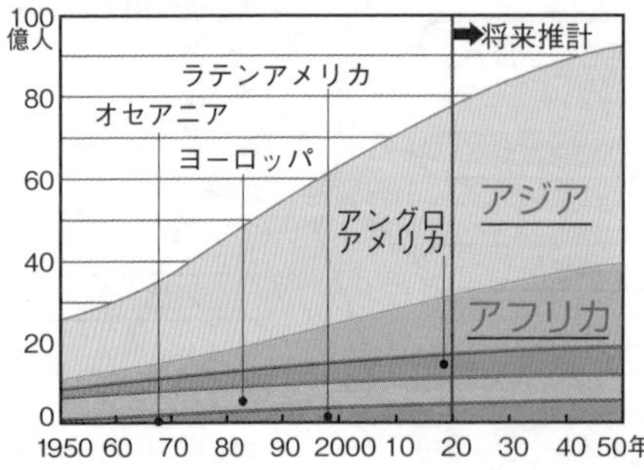

(2014年刊 世界の統計)

▼地球温暖化のしくみ